MW01181351

The Halloumaris and his lucky charm / Το Γούριν του Χαλλουμάρη

(In English & Cypriot Greek)

By

Lysandros Lysandrou

This story was written initially in the Cypriot dialect of the Greek language. Then, it was translated into English by Dr. Xenia Tsolaki Metaxa, Mr. Antonis Chatziantonis and Mr. Theocharis Theocharous, to whom I express my deep thanks.

Αυτή η ιστορία αρχικά γράφτηκε στην Κυπριακή διάλεκτο της Ελληνικής γλώσσας. Στην συνέχεια μεταφράστηκε στα Αγγλικά από τους Δρ. Ξένια Τσολάκη Μεταξά, τον κ. Αντώνη Χατζιαντώνη και τον κ. Θεοχάρη Θεοχάρους στους οποίους εκφράζω τις βαθίες μου ευχαριστίες.

ISBN: 9798773566199

ΠΡΟΛΟΓΟΣ

Το περιεχόμενο αυτής της νουβέλας είναι μια χαρούμενη, ρομαντική, και ενημερωτική ιστορία για το χαλλούμι, το φημισμένο τυρί της Κύπρου, που αποτελεί αναπόσπαστο κομμάτι της παραδοσιακής ζωής της χώρας που είναι και ιδιαίτερα προσοδοφόρο. Το έργο έχει το συγκεκριμένο σκοπό να εξερευνήσει και να γνωστοποιήσει αυτήν τη σημαντική πολιτιστική πτυχή αυτού του νησιού της Ανατολικής Μεσογείου. Δεν πρόκειται για πλήρη επιστημονική μελέτη ολόκληρου του θέματος, ωστόσο επιχειρεί να παρουσιάσει την ουσία αυτής της σημαντικής πτυχής της Κυπριακής πολιτιστικής ζωής με τόσο ακριβή τρόπο και έκταση όσο επιτρέπεται από το φανταστικό σενάριο.

Στις 12 Απριλίου 2021, με απόφαση της Ευρωπαϊκής Επιτροπής το Χαλλούμι (Halloumi)/Hellim καταχωρίζεται επίσημα ως προϊόν Προστατευόμενης Ονομασίας Προέλευσης (Π.Ο.Π). Ως εκ τούτου από την 1ην Οκτωβρίου 2021, την ονομασία Χαλλούμι (Halloumi)/Hellim μπορούν να την φέρουν μόνο τα προϊόντα που παράγονται στην Κύπρο, και στις ελεύθερες και στις κατεχόμενες περιοχές, νοουμένου ότι πληρούνται οι προδιαγραφές. Μετά από αιώνες Κυπριακής παράδοσης, το εμβληματικό ημίσκληρο λευκό τυρί της Κύπρου με την μακρά του ιστορία προστατεύεται από κάθε είδους απομιμήσεις και καταχρήσεις της επωνυμίας του σε ολόκληρη την επικράτεια της ΕΕ. Συνεπώς μετά από αυτήν την ιστορική επιτυχή εξέλιξη, της κατοχύρωσης του χαλουμιού ως προϊόν Π.Ο.Π της Κύπρου, ο «λευκός χρυσός» της Κύπρου, έχει προστατευτεί και επισήμως. Πρόκειται για μια σημαντική εξέλιξη για τους Κύπριους παραγωγούς (Ελληνοκύπριους και Τουρκοκύπριους) οι οποίοι θα επωφεληθούν οικονομικά από το καθεστώς Π.Ο.Π, καθώς αποκτά ακόμη μεγαλύτερη αξία η βιομηχανία του χαλουμιού.

Σύμφωνα με μια παράδοση, το χαλούμι κατασκευάστηκε για πρώτη φορά κατά τη βυζαντινή περίοδο, περίπου μεταξύ 395 - 1191 μ.χ. Το πρώτο υπάρχον έγγραφο που καταγράφει την ύπαρξη χαλουμιού κάπου στον κόσμο χρονολογείται από την Ενετική εποχή της Κύπρου, περίπου πριν από σχεδόν πεντακόσια χρόνια. Συγκεκριμένα, το 1554 έχουμε τις ενδιαφέρουσες πληροφορίες του ιστορικού Florio Bustron ότι το χαλούμι παράγεται καθ' όλη τη διάρκεια του Μαρτίου και ο τραχανάς παράγεται κατά τη διάρκεια του Ιουλίου ("Li calumi per tutto Mazzo. El tracana per tutto Luio")[1].

Λόγω των σχετικά μειωμένων βροχοπτώσεων και του λιγοστού πράσινου χόρτου στην Κύπρο (σε σύγκριση με πιο βόρειες χώρες), το πιο κατάλληλο ζώο εκτροφής είναι η κατσίκα ή αίγα ή γίδα (και στην Κύπρο αίγια ή τσούρα). Η κατσίκα επιβιώνει και ευδοκιμεί ακόμη και σε ένα κλίμα σκληρό όπως το περιβάλλον των ερήμων. Αντίθετα, οι αγελάδες και τα πρόβατα είναι πιο κατάλληλα για εδάφη όπου το πράσινο γρασίδι φυτρώνει όλο το χρόνο. Αξίζει να σημειωθεί ότι, λόγω του αρκετά ξηρού κλίματος, στην Κύπρο υπήρχαν πολύ λίγες αγελάδες μέχρι τον 20ον αιώνα, οπότε τις εισήγαγαν οι Βρετανοί κυβερνώντες για τη δική τους κατανάλωση.

Σήμερα, το χαλούμι θεωρείται το σήμα κατατεθέν της αυθεντικής κυπριακής κουζίνας. Εδώ και αιώνες, αυτό το απολαυστικό τυρί κατέχει μια ξεχωριστή θέση στην κυπριακή δίαιτα. Το χαλούμι ήταν μια από τις κύριες πηγές πρωτεϊνών για τους κατοίκους της Κύπρου. Εκτός από την κάλυψη των διατροφικών τους αναγκών, η προετοιμασία και η παρασκευή του χαλουμιού αποτελούσε ένα άριστο δείγμα συναιτερικής οικονομικής αλληλεγγύης, αμοιβαίας βοήθειας μεταξύ των οικογενειών και μια ευκαιρία να κοινωνικοποιηθούν μεταξύ τους. Χαρακτηριστικά, σε πολλά χωριά, ολόκληρη η κοινότητα, είτε κατά συνοικίες,

---

[1] https://docplayer.gr/67755115-Ta-galaktokomika-proionta-ston-etisio-kyklo-tis-paradosiakis-zois-stin-kypro.html

ενωνόταν και δημιουργούσε συνεταιρισμούς έτσι ώστε να βελτιώσει τόσο την αποτελεσματικότητα της παραγωγής χαλουμιού όσο και την ποιότητα του τελικού προϊόντος. Οι συνταγές ποικίλλουν από περιοχή σε περιοχή, και χρησιμοποιόντας εκτός από τα απαραίτητα συστατικά (γάλα, πυτιά, άλας και δυόσμο) και τις δικές της μοναδικές τεχνικές και μυστικά συστατικά η κάθε μία. Το χαλλούμι ήταν τόσο σημαντικό στη ζωή των χωριών, που υπήρχαν αρκετές οικογένειες κατά τον $19^{ον}$ αιώνα με επώνυμα όπως: «Χαλλούμας», «Χαλλουμάρης».

Ακόμη και οικογένειες σε πόλεις και χωριά, των οποίων η κύρια δραστηριότητα δεν ήταν η κτηνοτροφία (για παράδειγμα, αγρότες γης, ιερείς, δάσκαλοι, τεχνίτες, έμποροι κ.λπ.), είχαν και συντηρούσαν στο νοικοκυριό τους μια θηλυκή κατσίκα στην αυλή τους και ως οικόσιτο ζώο και για την παροχή γάλακτος.

Από τα πρώτα χρόνια του $21^{ου}$ αιώνα, το χαλλούμι σταδιακά άρχισε να γίνεται πολύ δημοφιλές ιδιαίτερα στην Αγγλία και στην Ελλάδα (κυρίως λόγω της παρουσίας της Κυπριακής κοινότητας) αλλά και σε πολλές άλλες χώρες. Κατά συνέπεια, η παραγωγή και η εξαγωγή του χαλουμιού έχει γίνει μια ταχέως αναπτυσσόμενη βιομηχανία που παρέχει όλο και περισσότερες θέσεις εργασίας σε Κύπριους και σημαντικό εισόδημα στην Κύπρο.

Μέσα από την δραματοποιημένη ιστορία και τα διάφορα τραγελαφικά γεγονότα που θα συμβούν στο σενάριο του παρόντος έργου, ο αναγνώστης θα μάθει σχεδόν τα πάντα για το χαλλούμι και άλλες ενδιαφέροντες πτυχές της αγροτικής ζωής της Κύπρου.

Καλό διάβασμα!

Λύσανδρος Λυσάνδρου
Νοέμβριος, 2021

ΠΕΡΙΕΧΟΜΕΝΑ

ΛΙΓΑ ΛΟΓΙΑ ΓΙΑ ΤΗΝ ΙΣΤΟΡΙΑ ΤΟΥ ΕΡΓΟΥ

Η ιστορία εκτυλίσσεται σε ένα χωριό της Κύπρου και βασίζεται στο πατροπαράδοτο τρόπο ζωής αυτού του νησιού. Στην υπόθεση του έργου, ο πρωταγωνιστής, ο οποίος παρασκευάζει και πωλεί χαλούμια, έχει ιδιαίτερη αδυναμία σε μια συγκεκριμένη κατσίκα (τσούρα), την οποία θεωρεί ως το γούρι του, και για την οποία θα συμβούν διάφορα ευτράπελα...

Πέραν της κωμικής πλευράς και του ενημερωτικό περιεχόμενο περί χαλουμιού, το έργο επιδιώκει να μεταφέρει και μερικά σημαντικά κοινωνικά μηνύματα και ηθικά διδάγματα στον αναγνώστη. Μερικά από τα κύρια θέματα που το σενάριο καταπιάνεται είναι: (i) οι αρετές του στωικισμού, (ii) η δύναμη της αγάπης, και (iii) η παροχή βοήθειας προς τους συνανθρώπους μας την ώρα που χρειάζεται.

Οι διάλογοι της ιστορία είναι γραμμένη στην Κυπριακή διάλεκτο της Ελληνικής γλώσσας.

Απολαύστε την ιστορία!

* * *

ΠΕΡΙΓΡΑΦΗ ΧΑΡΑΚΤΗΡΩΝ

Ο ι πρωταγωνιστικοί χαρακτήρες περιγράφονται στις επόμενες δύο σελίδες, ενώ κάποιοι άλλοι θα εμφανιστούν στην πορεία της εξέλιξης της ιστορίας.

Αναμφίβολα ο κύριος πρωταγωνιστής αυτού του έργου είναι το χαλλούμι όπως έχει αναφερθεί στον πρόλογο.

Ροδούλα: (21 χρόνων).
Εν μια κοπέλα πανέμορφη, προκομμένη, ευγενική, χαμηλών τόνων, ντροπαλή, καλή νοικοτζιυρά τζιαι πάντα ακούει τους γονιούς της. Ούλλοι οι σκάπουλλοι του χωρκού άλλα τζιαι οι ξενοχωρίτες θέλουν την για γεναίκα τους.

Χαμπής: (50 χρονών περίπου).
Εν ο Χαλλουμάς του χωρκού τζιαι τζιύρης της Ροδούλας. Εν εγωιστής τζιαι έσιει μεγάλη ιδέα για τον εαυτό του. Εν ππαραόπιστος τζιαι θέλει να καλοπαντρέψει την κόρη του με κανέναν που τους εχούμενους νέους που του προξενεύκουν.

Γιωρκούλλα: (45 χρονών).
Εν η μάνα της Ροδούλας τζιαι γεναίκα του Χαμπή. Εν' μια συνηθισμένη γεναίκα του χωρκού που νοιάζεται για την οικογένεια της. Εν δουλεφτίνα τζιαι βοηθά τον Χαμπή με τα χαλούμια αλλά έννεν ππαραόπιστη.

Σέρκης: (22 χρονών περίπου).

Εν έναν νεαρό παλικάρι, δουλευτής τζιαι καλός χαρακτήρας. Επέρασε δύσκολα στην ζωή του τζιαι τούτο εβοήθησεν τον να ωριμάσει γλήορα. Εν γείτοτας τζιαι παιδικός φίλος της Ροδούλας. Αγαπά την τζι' ο κρυφός του πόθος είναι να την αρμαστεί.

Μαριτσού: (50 χρονών, χωρκανή).

Εν' η μάνα του Σέρκη τζιαι γειτόνισσα του Χαμπή. Έχασε τον άντρα της τζιαι έπρεπε να μεγαλώσει μόνη της τον γιό της. Παρόλλες τις δυσκολίες της εμεγάλωσεν τον με αρχές.

* * *

1

ΤΟ ΠΑΝΗΓΥΡΙ

Ακούγονται ήχοι ευχάριστης παραδοσιακής μουσικής μαζί με συνομιλίες, βήματα και γενικά πανζουρλισμός που παραπέμπει σε πανηγύρι. Στη συνέχεια, ο Χαμπής, ο οποίος παρασκευάζει και πωλεί χαλλούμια, λέει φωναχτά).

– Έλααα κόσμε, έλααα... Δαμαί εν' νάβρετε τα χαλλούμια σας, τα καλλύττερα χαλλούμια του παζαρκού. Κοπιάστε ν' αγοράσετε, ελάτε – ελάτε. Έτσι πράμαν εν' εξαναφάτε... Έχω φρέσκα χαλλούμια τζιαι ξερά, ποσαραντωμένα. Ελάτε – ελάτε...

(Ακούγεται βέλασμα και η Ροδούλα λέει στον Χαμπή, τον πατέρα της.)

– Καλά ρε παπά ήτουν ανάγκη να φέρεις τζιαι την Γρουσήν μιτά μας, τη τσουρού;

– Κόρη Ροδούλα άκου καλά είντα πον να σου πω. Το γάλαν δίχα της πυδκιάς, χαλλούμιν εν γίνεται, έτσι τζιαι δίχα της Γρουσής εν τελλαλίζεις την πραμάθκειαν σου τζι' είντα πραμάθκεια!

– *(Απορημένα)* Μα η Γρουσή …

– Ναι η Γρουσή εν η μόστρα του μαχαζιού, δίκλα την ομορκιάν!

– Εν καλά που λαλείς. Αλλά …

– Άτε κόρη Ροδούλα, σταμάτα τη μουρμούρα τζιαι χαμογέλα κόρη μου. Χαρκούμαι, σήμερα εννά πουλήσουμε κάμποσα χαλλούμια.

(Η Γιωρκούλλα, γυναίκα του Χαμπή, παρεμβαίνει στη συνομιλία.)

– Εν καλά που λαλείς Χαμπή. Έτο θωρώ τζιαι τους ξενοχωρίτες τζιεί κάτω, π' ανηφορίζουν κατά πάνω μας.

(Στη συνέχεια, ο Χαμπής γυρίζει στη γυναίκα του, Γιωρκούλλα, τη κοιτά στα μάτια και της λέει.)

– Ρα Γιωρκούλλα, εσένα έχω σε δειν, όϊ να κάμεις όπως πέρσι που τους έδκιας τα χαλλούμια δίχως να πιάννεις τους παράες…

– Ούου ρε Χαμπή, άρκεψες για τους ππαράες πάλαι.

– Έτσι έν τούτες οι δουλειές γενέκα, εν με του ππαράες που δουλεύκουν.

– Άμαν έναν σωρόν πλάσματα γοράζουν τα χαλλούμια σου, εν φυσικό να γινεί τζιαι κάναν΄ λάθος. Εν' τζιαι εχάθειν ο κόσμος ολάν. Χαλάλιν τ' ανδρώπου που τα έπιαεν. Εννά μαραζώνω γιώνι που τα πέρσι ως φέτι για μιαν φίζαν χαλλούμια, σιόρ;

* * *

(Λίγα μέτρα πιο κάτω…, ένας νεαρός άνδρας, ο Σέρκης, λέει στη Μαριτσού, τη μητέρα του.)

– Α μανά, άδε τζιεί κάτω, παίζουσιν ζίζιρο τζιαι που' ποτζεί δυτζίμιν… που την χαρά μου εσαντανωθηκα. Εν ηξέρω που να πάω, ζαβρά οξά δεξιά. Πάντως έτσι κόσμο το χωρκόν μας έσιει πολλούς χρόνους να δει.

– Μα θώρε ρε Σέρκη μου το χωραϊτούϊ, αλλό λίον τζιαι χαζίριν να σηκώσει το δυτζίμιν. Πως σου φαίνεται; Εν' του το είχα του μίντζη.

– Χώρε τζιαι πόσος κόσμος εν' ποτζιεί πον' ο Μάστρε-Χαμπής, μα εν μέλι που΄σιει το χαλλούμιν του; Άλλο λίον εννά ξεπουλήσει. Αν ήταν τζιαι τζείνος χαλλούμιν ήτουν να τον φάσιν.

– Έτσι εν το καλόν το πράμαν γιέ μου, ούλλοι θέλουν το.

– Αλλά έννεν μόνο τζιείνον που τραβά τον κόσμο.

– Έσσιεις δίτζιο, εν τζι' η Γρουσή του.

– Α!!! *(Απορημένα)* Μα η τσουρού;

– Εν' η πιο όμορφη τσουρού των περιχώρων. Εν' ηξέρω αν' εν μόνον το χρώμα της που εν' έτσι παράξενο, γοιον το γρουσάφιν, ή αν' εν το γούρι του, ζαττίν που τον τζαιρό που την αγκωνίστηκε παν του ούλα δεξιά.

– Μα μόνο την Γρουσήν θωρείς τζιαμαί μανά;

– Είντα που θέλεις να πεις;

– Την Ροδούλα εν την λοαρκάζεις;

– Εν σου καταλάβω γιέ μου;

– Άδε την είντα όμορφη που ένι!

– Εν' όμορφη, εν λαλώ. Αλλά που κολλά στην κουβέντα μας.

– Μόνο όμορφή! Εν όπως το κρυό το νερό του χωρκού μας που τρέσιει μες τις ρεμαθκιές τζιαι όσο ποσταμένος τζιαι να' σαι μόλις το πιείς πνάζεις.

– Είντα που θέλεις να πεις ρε Σέρκη;

– Χαρκούμαι πως οι αρσενιτζιοί εν τζιαι για το χαλλούμιν που πάσειν αλλά για τζιείνην.

– Να χαρείς γιε μου φερ' τον νούν σου τζι' έπαρ' τον τζιαι μεν την γλυκοθωρείς έτσι γιατί κατύσιη σου που τον τζιύρη της. Εξίασες πέρσι που έκαμεν πόξιλλικιν τον Πετρή του Παλουζέ, μεσ´ τον καφενέν;

– Καλό εν' αθυμούμε. Τάχα μου είσιεν τα μούτρα ο ποθκιάντροπος, έτσι έννε λάλεν τον Πετρή, να μεν σηκώσει το δείν του που πας' την κόρη του.

– Γιέ μου, εγώ εν αντέχω έτσι ρεζιλίκια. Η Ροδού εν καλή, εν λαλώ, αλλά ο τζιύρης της εν ππαραόπιστος.

– Το μόνο που τον κόφτει εν' πόσο βαρεί η πούγκα τ' άλλου.

– Για τούτο λαλώ σου να την φκάλεις που τον νούν σου, εν θέλω να απογοητευτείς τζιαι να πάθεις τα ίδια με τον Πετρή.

– Τωρά που λαλούμεν για τον Πετρή αθυμήθηκα κάτι πελλάρες που μου ελλάλεν εχτές που τον είδα, ότι θέλει τάχα μου να φύει που το χωρκόν μας, να πάει μακρά... τζιαι κάτι άλλα ακαταλαβίστικα.

– Α το καημένο το κοπελλούι, ε κρίμα. Εμιαλύνατε μαζί που μωρά.

– Εγιώ, ο Πετρής τζιαι η Ροδού. Αθυμάσαι πόσες πελλάρες εκάμναμεν;

– Πόσες γλάστρες μου εσπάσετε, κάθε φορά που αππιούσετε τον μεσότοιχο για να συνομπλαστείτε για να παίξετε. Τζι' αν ετόλμα κανένας, να πειράξει την αρφήν σας, ήταν να τον φάτε. Έτσι ελαλούσετε τότες την Ροδού, ότι ήταν αρφή σας. Τωρά...;

– Άτε μανά... πάμε ποτζεί, τζιαι έν ώρα που ο Μάστρε– Χαμπής εννά τους κάμει επίδειξη ήνταλως κάμνει τα χαλλούμια.

* * *

(Πολλοί από τους παρευρισκόμενους στο φεστιβάλ πλησιάζουν το μέρος που ο Χαμπής θα του κάνει επίδειξη πως γίνονται τα χαλλούμια. Ο Χαμπής με χαρούμενη φωνή λέει στους παρόντες.)

– Όπως είπε τζι' ο Μουχτάρης εννά σας δείξω τωρά πως γινήσκονται τα χαλλούμια. Τούτην την συνταγή έμαθεν μου την η μάνα μου, τζιαι τζιείνης έμαθεν της την η στετέ μου. Η αλήθκειά ένι ότι επειδή θέλει πολλυσιερκά τανά μου νάκουριν τζιαι η Γιωρκούλλα, η γεναίκα μου, τζιαι η Ροδού, η κόρη μου, που την έμαθα που μιτσιάν να κάμνει το γάλα.

Έτα δαμαί ούλα τα πράματα που εννά γρειαστούμεν για να τα κάμουμε. Το γάλα της τσούρας, το χαρτζίν, τις κουρούκλες, την πυθκιά, το ταλάρι, το δκυόσμον τζιαι το άλας.

Πρώτα πόλα κουλιάζουμεν το γάλα με την κουρούκλα τζιαι βάλλουμεν το μες το χαρτζίν. Αφτένουμεν την νισκιάν για να βράσει το γάλα. Γιάλι – άλι όμως, όϊ να το κάψουμεν. Ύστερις, βάλουμεν την πυδκιά τζιαι με το δεξί σσιέριν το σταυρώνουμε, έτσι ελάλεν η στετέ μου για να παν ούλα καλά.

(Ακούγονται λίγα γέλια από τα σχόλια του Χαμπή αλλά αυτός συνεχίζει την παρουσίαση του.)

(Συνέχεια) Άμαν πήξει το γάλα κάθεται που κάτω ο δροσινός τζιαι φκαίνει που πάνω η αναρή. Σωρεύκουμεν την αναρή γιάλι–άλι, την αλατίζομεν βάλλουμε της θκιόσμη τζιαι τυλίουμεν την μες την κουρούκλα. Ύστερις, φκάλουμεν το δροσινό τζιαι κόφκουμεν το σε μικρά κομμάθκια τζιαι διπλώνουμε τα σε χαλλούμια. Σύρνουμε τα πίσω στο χαρτζίν να χογλάσουν λίον μες τον νορόν. Άμαν ψηθούσιν εννά τα δείτε να φκαίνουσιν που πάνω που τον νορόν. Βάλλω τους τον θκιόσμη τον μυρωδάτο τζιαι το άλας τους. Βάλλουμεν τα μες τις κούζες με τον νορό, τζι' έχω χαλλούμια ολόγρονα.

Έτσι περίπου ε που γίνουνται τα πιο ωραία χαλλούμια του χωρκού μας. Ελάτε να τα δοκιμάσετε. Έκοψα σας δαμέ στο δίσκο. Αν σας αρέσουν ν' αγοράσετε. Ε μούχτιν ζίχτιν που σας τα διώ.

* * *

(Μετά από μια κουραστική μέρα, η Γιωρκούλλα, με αδύναμη και κουρασμένη φωνή, λέει στον άντρα της.)
– Όϊ ρε εκουράστηκα πολλά σήμερα. Ε Χαμπή, μα σαν να μας ελλείψαν ούλλα τα χαλλούμια;

(Ο Χαμπής ο οποίος ήταν επίσης κουρασμένος και εξαντλημένος, κοιτάζει για λίγο γύρω του και στη συνέχεια γυρίζει στη γυναίκα του και στο πρόσωπο του σχηματίζεται ένα τεράστιο στρογγυλό χαμόγελο.)

– Εξιπουλήσαμε Γιωρκούλλα μου! Εξιπουλήσαμε!

– Πράγματι, εν έμεινεν ούτε για δείγμα!

– Α, τζιαι το καλύττερο άφησα σου το για πόπαστο.

– Ε, λάλε να δούμε.

(Μικρή παύση και η Γιωρκούλλα η οποία είναι περίεργει να μάθει τι συνέβει λέει.)

– Ε Χαμπή, πέ μου τζι' έσπασες με.

– Σήμερα στο παναΐριν η Ταλλού η προξενήτρα...

– Α μάνα μου Χαμπή μου, τωρά που το λαλείς εφανηκεν μου ότι την είδα να φεύκει με μια κούζα χαλλούμια. Α την πολλοπάητη τζιαι έφυεν δίχα να με πιερώσει...!

– Όϊ ρα Γιωρκούλλα καλά αθυμάσαι, αλλά μεν φοάσαι έδωσα της τα εγιώ, μούχτιν, για τα μαντάτα που μου έφερε.

– Μα είντα μάντατα εν τούτα που μου λαλείς τζι' αξίζουν μια κούζα χαλλούμια;

– Έτο έφερε μας προξένια για την Ροδούλα μας.

– Μα αφού έννεν κάθε χρόνο, που στο πανηύρι του χωρκού μας, φέρνει μας προξένια για τη Ροδού; Εν τζιαι δκιούμεν της όμως, κάθε χρόνο μούχτιν χαλλούμια.

– Ξέρω το κόρη Γιωρκούλλα, αλλά τούτην την φορά είπε μου τζιείνον που εκαρτέρου.

– Δηλαδής έφερες σου καλά προξένια;

– Καλύτερα τζιαι που λαχείο!

– Λάλε να δούμε, ποιος ένει;

– Εν' ένας που τους πλουσιώτερους χωραΐτες. Έζησεν στα ξένα τζιαιρό τζιαι έκαμε πολλούς παρράες, ήρτεν όμως πίσω για τα υστερινά του.

– Τούτος πρέπει να συνότζιαιρος σου έτσι όπως μου λαλείς;

– Έννεν για τον ίδιο αλλά για τον γιόν του, που έφερε μιτά του που τα ξένα.

– Τζιαι γιατί τον έφερε μιτά του;

– Εσκέφτηκεν πως αν του έβρει καμιά καλήν γεναίκα εννά τον καταφέρει να μείνει για πάντα στην Κύπρο.

– Τζιαι ήνταλως εβρέθηκεν στο χωρκόν μας;

– Άκουσεν που λαλείς, για την ομορκιάν τζιαι την καλοσύνην της κόρης μας τζιαι ήρτασιν να την δούσιν τζιαι να την γνωρίσουν.

– Είντα άλλον έμαθες;

– Είπεν μου θέμας «ο συμπέθερος» πως αν είμαι δεχτός εν θα ξανακάμω χαλλούμια έσσω μας αλλά εννά μ' ανοίξει μιάλον εργοστάσιο.

– Εν πρέπει να ρωτήσουμε τζιαι την Ροδούλα μας πρώτα τζιαι μάνι–μάνι έσυρε μου τζιαι το **"συμπέθερος"**;

– Η Ροδούλα εννά κάμει ότι της πω εγιώ. Αφού ξέρεις την ότι έφευκει που τον λόον μου. Έτσι τύχη ήνταλως εννά την αρνηστεί.

– Μα εσύ κάμνεις μαντές τζιαι άνοιξε τζι' η δική σου τύχη.

— Άνοιξε Γιωρκούλλα μου. Είντα που τα τωρά σκέφτουμε τούτο που μου είπε ο συμπέθερος, ότι άμαν ανοίξουμε το εργοστάσιο, τα χαλλούμια μου εννά ταξιδέυκουν τζιαι στα πέρα. Λαλείς να βάλω την φωτογραφία της τσουρούς μας, της Γρουσής, πάνω στις φίζες με τα χαλλούμια;

— Ο καθένας τζεί που πονεί. Ο νού σου εσένα εν πας τα χαλλούμια τζιαι τους ππαράες.

* * *

2

Η ΕΞΑΦΑΝΙΣΗ

Λ
ίγες μέρες μετά το πανηγύρι, στο αγρόκτημα του
Χαμπή.)
    – Γιωρκούλλα, Γιωρκούλλα, ποτζεί στην μάντρα
η πόρτα της Γρουσής εν ανοιχτή τζιαι τζείνη έννε μέσα!

– Ε Χαμπή, χαρκούμαι ερωμάνισα τις πόρτες οξά... όϊ.
Αλλόπως με τούτες ούλλες τις δουλειές των λογιασμάτων
εξησκοπίστηκα τζιαι εν ερωμάνισα καλά την πόρτα.

– Ο νούς σου εν' πουπάνω που την κκελλέν σου. Είπα σου
σιήλιες βολές άμαν ταΐζεις τα κτηνά να ρομανίζεις καλά τις
πόρτες. Ειδικά της Γρουσής που εν χώρκα που τις άλλες.

– Ε, τζιαι να έφυεν, εννά βρεθεί. Που εννά πάει; Έν τζιαι μπορεί να ξωμακρίσει. Έτσι καλομαθημένην που την έσιεις, όπου τζιαι να πάει εννά στραφεί.

– Μακάρι ναν όπως τα λαλείς.

– Άτες, έλα μεν το σκέφτεσε, σήμερα έχουμεν μόνο χαρές, εν να χαρτώσουμεν την κόρην μας.

* * *

(Το βράδυ, στο κτήμα του Χαμπή, γίνεται ένα πάρτι αρραβώνων. Το βιολί και το μπουζούκι είναι τα μουσικά όργανα που κυριαρχούν στο πάρτι. Μέσα στη χαρά και την ευχάριστη μουσική, η Μαριτσού, η γειτόνισσα, παίρνει ένα ποτήρι με κρασί και πρώτη εκρφάζει τις ευχές της.)

– Στην υγεία σας παιθκιά μου, να ζήσετε τζιαι σύντομα ο γάμος.

(Στο ίδιο μακρύ και στολισμένο τραπέζι των αρραβώνων, ο Χαμπής, που εξακολουθεί να αναρωτιέται τι έχει συμβεί στην κατσίκα του, λέει στη γυναίκα του με σιγανή φωνή.)

– Ε Γιωρκούλλα βάρ' μου αλλή μιαν ζιβάναν να πιω για να ξιάσω την Γρουσή, πέρκυ τζιαι κάμω κκέφιν.

(Ο Χαμπής πίνει πολύ γρήγορα τη ζιβανία του και τοποθετεί χλιαρά το ποτήρι πάνω στο τραπέζι. Τότε, ο Σέρκης που τον βλέπει, παίρνει και αυτός το ποτήρι του και κάνει μίαν πρόποση.)

— Εις υγείαν θκειέ Χαμπή, να τους σιέρεσε, εννά μας πεις τζιαι κανένα τσιαττιστό οξά να πω εγιώνι;
— Όϊ καρτέρα τζι' εννά πω εγιώ πρώτος το τσιαττιστό μου.

(Ο Χαμπής πίνει γρήγορα τη ζιβανία του και κτυπά δυνατά, αυτή τη φορά, το ποτήρι πάνω στο τραπέζι. Ησύχια για λίγα δευτερόλεπτα και ο Χαμπής ξεκινά το τσιαττιστό του.)

Εεε, εγιώ τον δκυόσμιν βάλλον τον
πάντα μες στο χάλλουμιν.
εεε τζι' άμαν το τρώεις πιο καλό
ένι τζιαι που λουκκούμιν.

(Ακούγονται διάφορα σχόλια από τους παρευρισκομένους: "μπράβο", "ωραίο", "εΐβα", "πάλαι έβαλες τα χαλούμια στο τσιατηστό σου")

(Ακούγονται γέλια από τους καλεσμένους)

(Τα γέλια διακόπτονται από την παρέμβαση του Σέρκη.)
— Ένα πω τζιαι εγιώ τωρά το τσιαττιστό μου.

(Ο Σέρκης πίνει και αυτός γρήγορα τη ζιβανία του και επίσης κτυπά δυνατά το ποτήρι πάνω στο τραπέζι. Ησύχια για λίγα δευτερόλεπτα και ο Σέρκης ξεκινά το τσιαττιστό του.)

Εεε, Ροδούλα μου καμάρι μου
θωρώ σε τζι' αζουλεύκω,
εεε, τωρ' άλλον έσσιεις αγκαλιάν
δύσκολα το χωνεύκω. (δίς)

(Η Γιωρκούλλα κτυπά ελαφρά με το κουτάλι το ποτήρι και με κεφάτι και χαρούμενη φωνή ρωτά.)
– Τζιαι εγιώ που λογιάζω την κορή εν θα τσιαττίσω;

(Επικρατή για λιγο ησυχία μέχρι η Γιωρκούλλα να ξεκινήσει το τσιαττιστό της που είναι και αυτό αφιερωμένο στη Ροδούλα..)
Εεε, είσαι το ρόδον της αυκής
στολίδιν του σπιτιού μας, (δίς)
εεε, είσαι το άσπρον γιασεμίν
καμάριν του χωρκού μας. (δίς)

Εεε, άλλη ευτζιή εν μούμεινεν
ευτυχισμένη να' σαι,
εεε, στα ρόδα, στα τραντάφυλλα
να πέφτεις να τζοιμάσαι. (δις)

(Ακούγεται σχόλιο "Όϊ ρε έβαλες σας τζιαί τους δκυό που κάτω". Ακολουθεί παραδοσιακή μουσική με βιολί και μπουζούκι και τους καλεσμένους να χωρεύουν ασταμάτητα.)

* * *

Κεφάλαιο 2

(Μετά από μερικές ημέρες.)

(Ο Χαμπής περπατά ενοχλητικά και επανειλημμένα πάνω-κάτω στο σαλόνι του. Η σύζυγός του, η Γιωρκούλλα, τον ικετεύει.)

– Εζάλισες με Χαμπή πήαιννε – έλα, κάτσε έναν τόπο.

– Εν ημπορώ ρα Γιωρκούλλα, σκέφτομαι την Γρουσή τζιαι εν ηβρίσκω αμάντα.

– Μα επεράσαν τόσες μέρες τζιαι εσούνι ακόμα μαραζώνεις για μια τσουρού;

– *(Λυπημένα)* Άφου ξέρεις πόσον αγάπουν την Γρουσήν μου.

– Τζι' εσούνι Ροδού παρέτα να κλαίεις. Κύριε ελέησον είντα που επάθαμεν για μιαν τσουρούαν.

– *(Κλαμένα)* Τζιαι εγιώ αγάπουν την Γρουσήν. Εγιώ την εμιάλινα.

– *(Εκνευρισμένα)* Ε κανεί... Αν ήταν πλάσμα εν θα εκάμνετε έτσι. Έφυεν, έφυεν. Εξάλλου ο συμπέθερος είπε εννά σου φέρει όϊ μιαν, όϊ δκυό, αλλά εικοσιθιό τσουρούες.

– *(Ο Χαμπής επιμένει και με λυπημένη φωνή)* Η Γρουσή ήταν σγοιόν το παΐ μου.

– *(Η Γιωρκούλλα κουρασμένη πλέον με σιγανή φωνή του απαντά.)* Ότι τζιαι να σου πω, το φτιν σου εν ιδρώνει. Το χτίν τζιαι το χτοσιέριν.

* * *

3

ΟΙ ΑΝΑΠΟΔΙΕΣ

Λίγους μήνες αργότερα. Ενώ η Ροδούλα σκουπίζει το σπίτι με τη σαρκά, η μητέρα της, Γιωρκούλλα, την προτρεπεί να κάνει πιο γρήγορα.)

— Άτε κόρη Ροδούλα, κάμνε καϊρέττιν τζι' εν' θα προλάβουμε να κάμουμε το σπίτι που γωνιάς.

— Άγχώθηκα ά μανά, χαρκούμαι έν θα προλάβουμε. Την άλλη Κυριακή παντρεύκουμαι τζι' έχω ένα σωρό πράματα να κάμω. Χαρκούμαι, εν' θα κανίσει η μέρα.

— Αν θέλεις η μέρα να μιαληνίσκει άλλην βολά να σηκώνεσε που το πουρνό. Ο μακαρίτης ο παππούς σου ελάλεν «όποιος σηκώνετε με τ' άστρι, η δουλειά του πάει ράστην.»

(Ξαφνικά, ένα αυτοκίνητο σταματά μπροστά από το σπίτι του Χαμπή και ακούγεται η κόρνα του αυτοκινήτου.)

– Α μανά, ήρθε ο χαρτωμένος μου τζιαι καρτεράμε μες το αυτοκίνητο για να πάμε στην χώρα.

– Μα κόρη Ροδούλα που εν να πάεις πάλε;

– Εννά πάω τζιαι με την αρφήν του στην ράφταινα να κάμω πρόβα το φουστάνι μου τζι' ύστερις εννά πάμε ούλλοι μαζί να φάμεν οφτόν.

– Είντα ώρα εννά στραφείς;

– Εν ηξέρω είντα ώρα εννά στραφώ. Αν αρκήσουμε, να ππέσετε όϊ να με καρτεράτε.

– Στο καλό κόρη μου τζιαι με το νού σας. Όϊ να βουράτε. Να έσσιετε τα μάτια σας δεκατέσερα εν επικίνδυνες οι στράτες.

– Ξέρωτο μανά, μεν έσιεις έννοια.

* * *

(Όταν ο Χαμπής επιστρέφει στο σπίτι και μαθάινει για την νυχτερινή έξοδο της κόρης του θέτει κάποια ερώτηματα στην γυνάικα του.)

– Μα γίνονται έτσι πράματα σιόρ; Λίες μέρες πριν τον γάμο να πηαίνει κίττα – κέλι ποτζεί τζιαι ποδά. Είντα που να πει ο κόσμος;

(Η Γιωρκούλλα υπερασπίζετε την κόρη της και του απαντά.)
– Ο κόσμος εννά πεί ότι επήεν με τον χαρτωμένον της να φάει έξω.

(Ο Χαμπής επιμένει και της εξηγεί γιατί θα ήταν καλύτερα να έτρωγαν στο σπίτι.)
– Τζιαι γιατί εννά φαν' έξω; Δόξασει ο Θεός, φαΐ μπόλικο. Άμαν θέλουν αφταίννω τους την φουκού τζιαι κάμνω τους λία λουκάνικα, κανένα φλαγκούιν τζιαι χαλλουμούδκια να γλύφουν τα δακτύλια τους. Τζιαι για πόπαστον έσιει αναρή φρέσκα με το μέλι. Όσο για μουσική ας άψουν το ράδιο ή ακόμα καλλύτερα εννά τους πω εγιώνι κάμποσα τσιαττιστά. Άμα πιώ τζιαι καμμιά ζιβάνα εννά κελαηδώ. Όϊ πως θέλω να το πενευτώ αλλά είμαι καλοφωνάρης.
– Χαμπή μου εν εκατάλαβες ότι οι νέοι θέλουν ναν' μόνοι τους, εν μας θέλουν εμάς τους μιαλύτερους μες τα πόδκια τους. Θέλουν να πουν τα δικά τους.
– Ώσπου πάμε τζαι γερνούμεν νέα πράμματα θωρούμεν!
– Είντα που εννόμισες ότι εν όπως τον τζιαιρό σου που εν εγίνετουν να δει ο γαμπρός τη νύφη τρείς μέρες πριν το γάμο;
– Καλά λαλούσιν ότι: "όσοι εν έχουν παιδκιά, έχουν έναν μαράζι τζιαι όσοι έχουν παιδκιά, έχουν πολλά μαράζια."

* * *

(Ακούγεται η καμπάνα της εκκλησιάς. Στην συνέχεια η Γιωρκούλλα λέει στο σύζυγο της.)

– Ε Χαμπή.

– Ναι Γιωρκούλλα μου.

– Εννά πάω ποτζιεί στην Μαριτσού να πιούμεν τον καβέ μας.

– Εννά ξαπολήσεις τις δουλειές μας τζιαι εννά τρέσιεις στους καφέδες χαρώ σε;

– Σήμερα ήτουν το μνημόσυνο του άντρα της. Εν' αντροπή να μεν πάω, ένας τοίχος μας χωρίζει. Εξάλλου είπα της ότι εν να πάω τζιαι εννά με περιμένει.

– Έχω σε δειν Γιωρκούλλα, όι ν' αρκήσεις;

– Μεν έσσιεις έννοια τζιαι εν θα αρκήσω. Εννά τον πιώ γλήορα τζιαι εννά στραφώ πριχού το καταλάβεις.

* * *

(Η Γιωρκούλλα χτυπά την ξύλινη εξώπορτα ενός παλιού πετρόκτιστου σπιτιού στο οποίο διαμένει η γειτόνισσα της, η Μαριτσού.)

– Μαριτσού, κόρη Μαριτσού είσαι έσσω;

– Κούντα την πόρτα Γιωρκούλλα τζιαι εν ανοιχτά.

(Η Γιωρκούλλα μπαίνει στο σπίτι.)

– Μα πού είσαι Μαριτσού;

– Είμαι ποδά στον ηλιακό.

– Έψησες τζιαι τον καφέ θωρώ.

– Έλα κάτσε να σου βάλω τζιαι ένα κομμάτι ελιόπιτα τζιαι λλία κόλλυφα να φάεις.

(Η Γιωρκούλλα πίνει μια γουλιά καφέ και δοκιμάζει την ελιόπιτα.)
– Χμμ...!, Η ελιόπιτα εν φρέσκα τζιαι νόστιμη!
– Εσηκώστηκα που το χάραμα για να τη ψήσω αλλά απ' ότι φαίνεται άξιζε τον κόπο.

(Η Γιωρκούλλα πίνει ακόμα μια γουλιά καφέ.)
– Έτσι ώρα ο καφές εν ότι πρέπει! Έσιει που το πρωί που είμαι στο πόι τζιαι τούτος εν ο πρώτος μου καφές.
– Κόρη Γιωρκούλλα, οι πως μου πέφτει λλόος, μα σαν να μεν είδα τη Ροδού σου σήμερα στην εκκλησιά;
– Έτο, επήεν στην χώρα εχτές με τον χαρτωμένον της για τις δουλειές του γάμου τζιαι αλλόπως έμεινεν να τζοιμηθεί στην κουνιάδα της.
– Α έμεινεν στην χώρα.
– Εν' τζιαι ξανάκαμεν το, αλλά πρέπει ν' αρκήσασιν να ποσπαστούσιν εψές, τζιαι είπα της τζιαι εγιώ, πολλές βολές να μεν ταξιδεύκει νύχταν. Έτο ώσπου να πάω έσσω, να δεις, εννά με καρτερά στο ξωπόρτι για να μου πει τα νέα της.
– Τώρα που να φεύκεις να πάρεις τζιαι λλία κόλλυφα μιτά σου. Ξέρω ότι αρέσκουν πολλά στην Ροδού σου.
– Νάσαι καλά Μαριτσού.

* * *

(Η πόρτα κλείνει. Τότε η Γιωρκούλλα καλεί τη Ροδούλα με δυνατή φωνή.)

– Κόρη Ροδούλα είσαι έσσω κόρη μου; Εστράφεις; Έλα τζι' έφερα σου κόλλυφα που τη θκειά σου την Μαριτσού.

(Δεν υπάρχει ανταπόκριση. Στη συνέχεια, η Γιωρκούλλα ψιθυρίζει στον εαυτό της.)

– Κύριε ελέησον. Ακόμα έν ήρτεν; Είντα πάει να πει; Αν το πάρει πρέφα ο τζιύρης της κατύσιη μας. Άεις την να' ρτει με το καλό τζιαι είμαι καλή για λλόου της.

(Λίγα λεπτά αργότερα. Ο Χαμπής επιστρέφει σπίτι.)

– Γιωρκούλλα, Γιωρκούλλα, μα που είσαι;

– Είμαι ποδά στο μαειρκόν.

– Εν έτοιμον το φαΐ;

– Σε λλία λεπτά εννάν έτοιμον.

– Ώσπου να ποσπαστείς με το φαΐ νά λαμνίσω λίον ποτζεί που τα κτηνά.

– Έλα τζιαι έκοψα λίον αγριοσέλλινον να φάσιν τζιαι τα κτηνά. Κάμνει τους καλόν.

– Έσιει τζιαι λία τεράτσια, εννά τους τα βάλω τζιαι τζιείνα.

* * *

(Την ώρα του μεσημεριανού γεύματος, ο Χαμπής επιστρέφει κουρασμένος και περιγράφει στη γυναίκα του τις δουλειές που έκανε μέχρι το μεσημέρι.)

– Έκαμα νού χωρκού δουλειές σήμερα. Εποστάθηκα πολλά, εφάκα μου τζι' ο ήλιος πας' την κκελλέν.

– Κάτσε να πνάσεις λλίο τζιαι να σου βάλλω να φάεις.

– Έππεσεν τ' αφφάλιν μου που την πείναν. Είντα καλό φαΐ έκαμες να φάμεν;

– Αφού ξέρεις ότι την Κυριακή το μεσημέρι κάμνω ψητό με τις πατάτες.

– Μα πού έν' η Ροδού να στρώσει τραπέζι; Έπιασεν την γύρα πάλαι;

– Αλλόπως επήεν ποτζιεί στην κουμέρα της για να ετοιμαστούν για τον γάμο. Ο γάμος εν καλός αλλά έσιει τζι' ένα σωρό φασαρίες. Μεν έσσιεις έννοια τζιαι εννά στρώσω εγιώνι το τραπέζι.

– Ά, κόψε τζιαι κανένα κρόμυον, καμμιάν καυκαρούαν, τζιαι… κανένα χαλλούμιν.

– Καλόν.

– Ε Γιωρκούλλα, είντα ώρα έννει;

– Εμεσομέρκασε.

– Άψε τζιαι το ράδιο να ακούσουμε τα νέα, εν η ώρα τους.

(Καθώς παίζει μουσική από το ράδιο, ακούγετε μια έκτακτη ανακοίνωση: Διακόπτουμε το πρόγραμμα για μια έκτακτη είδηση. Τα ξημερώματα έγινε ένα σοβαρό ατύχημα. Αυτοκίνητο έχασε τον έλεγχο και έπεσε σε γκρεμό βάθους 20 μέτρων. Το Γενικό Νοσοκομείο Λευκωσίας κάνει έκκληση για αίμα ομάδας Ο –)

(Η Γιωρκούλλα, με λύπηση, λέει στον άντρα της.)

– Ζάβαλλι μου είντα κακόν ήβρεν τα πλάσματά του θεού που το χάραμα.

– Τούτοι οι νέοι εν' προσέχουν καθόλου με τούν' τα αυτοκίνητα. Ούλλον βούρος.

(Λίγα μέτρα πιο πέρα, στο γειτονικό σπίτι, ο Σέρκης που άκουγε επίσης ραδιόφωνο λέει στη μητέρα του.)

– Α μανά άκουσες την ανακοίνωση;

– Άκουσα την γιε μου.

– Εννά πάω να δώκω γιαίμα.

– Να πάεις γιόκα μου, να πάεις.

(Η πόρτα κλείνει καθώς ο Σέρκης φεύγει από το σπίτι. Ο Χαμπής βλέπει τον Σέρκη που φεύγει, τρέχοντας, από το σπίτι του.)

– Έ, Γιωρκούλλα άδε ποτζεί βούρος τον Σέρκη.

– Όντως.

– *(Ο Χαμπής με δυνατή φωνή)* Ε Σέρκη μα που πάεις έτσι φουρκαστός;

– Πάω να δώκω γιαίμαν.

– Μα είδες Γιωρκούλλα τούτοι οι πορηψημιοί βουρούν πρώτοι στην ανάγκη του πλασμάτου.

– Πράγματι.

(Μετά από λίγο, κάποιος χτυπάει έντονα και επίμονα την πόρτα και ο Χαμπής αναρωτιέται ποιος είναι.)

– Μα ποιος κτυπά την πόρτα μεσομερκάτικα; Α Γιωρκούλλα πήαινε να ανοίξεις.

– Ένα λεπτό τζι' είμαι στην βούρνα τζιαι πληνίσκω τα αντζιά.

– Άηκε να πάω εγιώνι γιατί ώσπου να έρτεις εννά μας σύρρουν την πόρτα κάτω.

(Η πόρτα ανοίγει και ο Χαμπής βλέπει το λοχία της αστυνομίας ο οποίος είναι υπεύθυνος για το χωριό του.)

– Ω καλώς τον Τσιαούσιην. Έλα ρέξε έσσω μεν στέκεσαι στο ξωπόρτι. Είντα καλός άνεμος σε φέρνει έτσι ώρα έσσω μας. Αν ήρτες για χαλλούμια έχω φρέσκα. Έλα μέσα μεν εκοντοστάθηκες, έλα να μεσομερκάσουμεν.

(Λίγη ώρα αφότου έφυγε ο λοχίας, η Γιωρκούλλα βλέπει τον άντρα της να κλαίει.)

– Ε Χαμπή, είντα έμεινες πόξυλος τζιαι βαστάς το ξωπόρτι; Με ποιόν εσυντύχαννες;

– *(Λυπημένα)* Α μάνα μου Γιωρκούλλα μου είντα κακό επάθαμεν.

– Μα για είντα κακό μιλάς;

– Το αυτοκίνητο που έπεσεν μες τον γκρεμό...

– *(Απορημένα)* Έ ;

– Έ, ήτουν η κόρη μας μέσα.

(Η Γιωρκούλλα αγκαλιάζει τον άντρα της και κλαίνε και οι δύο.)
– *(Η Γιωρκούλλα με λιγμούς)* Αααα, μάνα μου Ροδούλα μου!
– Γλήορα σάστου να πάμε στο νοσοκομείο.

(Η Γιωρκούλλα, ενώ κλαίει, λέει με θλιμμένη φωνή.)
– Παναγία μου Μεγαλόχαρη είσαι μάνα τζιαι ξέρεις. Δώσε δύναμη στην κόρη μου να αντέξει τζι' εγιώ εννά φέρω στη χάρη σου λαμπάδα ίσια με το μπόϊ της.

* * *

(Στο νοσοκομείο κόσμος πηγαινοέρχεται. Τα πρόσωπα είναι σκυθρωπά, θλιμμένα και λυπημένα. Σε μια στιγμή ακούγεται η φωνή μιας νοσοκόμας να τους λέει: Παρακαλώ απομακρυνθείτε από την είσοδο του χειρουργείου...)

(Ενώ ο Χαμπής και η Γιωρκούλλα απομακρύνονται, βλέπουν στο διάδρομο του νοσοκομείου τον γείτονά τους τον Σέρκη.)
– *(Ο Χαμπής με έκπληξη)* Ε Σέρκη, μα΄ ντα που γυρεύκεις εσού δαμαί τον γιο μου;
– Έτο θκειέ ήρτα να δώκω γαίμαν.

(Η Γιωρκούλλα συγκινημένη σκουπίζει τα δάκρυα της και λέει στο Σέρκη.)

– Μπράβο σου γιόκα μου, μπράβο σου, εσού έσιεις πολλά καλήν καρκιάν.

– *(Απορημένος)* Εσείς, είντα που κάμνετε δαμαί; Ήρτετε τζι' εσείς να δώκετε γαίμαν;

– Όϊ γιε μου, εν νεν γι' αυτό που ήρταμε.

– *(Απορημένος)* Ε καλό, για ποιόν λόγον ήρτατε;

– Άκουσες για έναν αυτοκίνητο που έπεσεν μες'στο γκρεμόν;

– Άκουσα το τζιαι εν γι' αυτό που ήρτα να δώκω γαίμαν.

– Μεσ' τα' αυτοκίνητο ήτουν η Ροδούλα τζι' ο χαρτωμένος της.

– *(Σοκαρισμένος)* Η Ροδούλα; Πε μου θκειέ, ότι εν ψέματα. Μα ήνταλως εγίνειν τούτον το κακόν, πε μου να δούμεν;

– Απ' ότι μου είπε ο τσιαούσιης, ο χαρτωμένος της ήταν πιωμένος.

– Η Ροδούλα μας που εν τωρά;

– Εν στο χειρουργείο κόμα γιέ μου. Πρέπει να καρτερούμεν.

– *(Σοκαρισμένος)* Στο χειρουργείο, μα είντα που επάθαν;

– Απ' ότι μου είπε ο τσιαούσιης, τζείνος εν έπαθεν τίποτις αλλά η Ροδού μας εκουτούλισεν πας το γιαλλίν τζιαι εφάτσισεν τζιαι το πόϊ της.

* * *

Κεφάλαιο 3

(Μετά από λίγες μέρες στο νοσοκομείο, ο Χαμπής παραπονιέται στη γυναίκα του.)

– Ε Γιωρκούλλα, είμαστε τόσες μέρες μέσα στο νοσοκομείον εμείναν τζιαι τα κτηνά νηστικά τζιαι τα δεντρά άποτα.

– Μεν έσσιείς έννοια τζιαι πάει ο Σέρκης μιαν την άλλη έσσω μας τζιαι ταΐζει τα κτηνά τζιαι ποτίζει τζιαι τα δεντρά μας.

– Εν καλά που λαλεί η παροιμία «απ'όσιει γείτον έσιει σσιόν τζι απ'όσιει σσιόν τζιοιμάται». Μακάρι ναν καλά το κοπέλιν τζιαι εν' θα μείνει πάνω μας.

* * *

(Μετά από μερικές εβδομάδες, ο Χαμπής και η Ροδούλα επιστρέφουν στο σπίτι τους από μια τακτική επίσκεψη στον γιατρό. Η Γιωρκούλλα ήταν στο σπίτι και τους περίμενε.)

– Δόξα σοι ο Θεός εστραφήκεται καλά. Αρκήσετε όμως τζιαι ανησύχησα, είντα που είπεν ο γιατρός που είδεν την Ροδού μας;

– Είπε μας ότι οι πληγές στο πρόσωπο όπου να'ναι εννά γιάνουν αλλά το πόϊ της εννά θέλει τζαιρό για να γιάννει.

– Φαντάζουμε μαράζι που εννά κάμνει το μωρόν μου. Μια το πόϊ της, μια το πρόσωπο της τζιαι που την άλλη ο γάμος τζι' ο χαρτωμένος της.

– Μεν ανησυχείς τζιαι ο Θεός είπαμε εν μιάλος. Άεις την να γιάννει πρώτα τζιαι μετά εννά δούμε ήντα που να κάμουμε.

Αλλά τζι' ο χαρτωμένος της που τον τζιαιρό που έγινε το κακό σαν να μεν εξαναφάνηκε που ποδά.

– Με φωνή, με ακρόαση. Που τον τζιαιρό που εγίνει το κακόν ήρτεν μόνον μια φορά που δαμαί ο τζύρης του τζιαι είπε μου να πάρουμε την Ροδούλα στους καλύτερούς γιατρούς τζιαι όσα ρυάλλια χρειαστούν εννά τα κανονίσει τζιείνος. Όσο για τον γιό του, είπε μου πως σκέφτεται να τον πέψει πίσω στην Αγγλία.

– *(Νευριασμένα)* Ευτυχώς που εν ήμουν έσσω, όξα ήτουν να σου τον σάσω καλά. Εδώκαμε του την κοράσα μας όπως τα κρύα τα νερά, τζιαι τωρά εφαραντζίστειν; Τα ριάλλια τζιαι τα μάλλια εν κάμνουσιν τον άδρωπο.

– Ηρέμησε Χαμπή μου.

– *(Νευριασμένα)* Να μεν ξαναπατήσουν δαμέσα δα τζιαι εν θέλουμε τους ππαράες τους. Μόνο η κόρη μου να γίνει καλά τζιαι εν με κόφτει τίποτις άλλο.

– Έτο ούλλα στραβά πάσιν. Πρώτα εξαφανίστηκε η Γρουσή, μετά έγινε το κακόν, έφυεν τζιαι ο χαρτωμένος τζιαι τωρά κιντυνέφκει να μεν ξαναπερπατήσει η Ροδούλα μας. Εννά πάω να πω του Παπάκωστή να έρτει να κάμει κανένα αγιασμόν να πάει πάσα κακόν. Θωρώ την που κάθεται ούλλη μέρα μες' την αυλήν τζιαι εννά σπάσω. Ευτυχώς που έρκεται τζιαι λίην ώρα ο Σέρκης τζιαι κάμνει της παρέα.

* * *

4

Η ΔΥΝΑΜΗ ΤΗΣ ΑΓΑΠΗΣ

Μερικές εβδομάδες αργότερα, ένα όμορφο απόγευμα, ο Σέρκης επισκέπτεται τη Ροδούλα, κάτι το οποίο κάνει καθημερινά τις τελευταίες εβδομάδες.)

– Μάντεψε Ροδούλα, είντα που 'χω χωσμένο μες στο σιέρι μου;

– Κανένα, λοκκούμι;

– Λοκκούμι έφερα σου εχτές, σήμερα άδε,... έφερα σου ένα τραντάφυλλο. Που τζείνο που σ' αρέσκει τζιόλας!

– Μα είντα ωραίο που ένει!

– Όϊ μόνον εν ωραίον, αλλά μουσκομυρίζει τζιόλας.

– Έλα δωσ' μου το.

– Έλα να το πιάεις, ε δικό σου. Εννά το βάλω μέσα στην γλάστρα δαμαί πασ' στο πεζούλι του παραθύρου.

– Μα αφού ξέρεις ότι εν μπορώ να κάμω ούτε έναν πατίν δίχως τις βασταρκές μου. Ήντα το έβαλες έτσι μακράν;

– Ο τζιύρης μου ελάλε ότι μπορούμε να φάμεν έναν βου σωστό. Φτάνει να τρώμε λίον κάθε μέρα. Τζι' εσού θα παρπατάς έναν πατίν παραπάνω την ημέρα ώσπου να το η φτάσεις.

– Στα λόγια εν εύκολο στην πράξη όμως όϊ. Χαρκούμαι ότι αν κάμω έναν πατίν δίχως τις βασταρκές, εννά σπάσει το πόϊ μου πάλαι τζι' εννά ππέσω χαμαί.

– Θα είμαι δίπλα σου.

– Φοούμαι ρε Σέρκη.

– Μεν φοάσαι τζιαι αν πέσεις εννά σε πιάσω εγιώνι. Έτο, είμαι δίπλα σου. Έλα να σε βοηθήσω λίγο.

(Ο Σέρκης βοηθά τη Ροδούλα να σηκωθεί και αυτός στέκεται στο πλευρό της. Στη συνέχεια, ο Σέρκης την ενθαρρύνει ακόμα περισσότερο.)

– Έλα Ροδούλα μπορείς να τα καταφέρεις. Μπορείς να περπατήσεις μόνη σου.

(Η Ροδούλα προσπαθεί και σέρνοντας το πόδι της κάνει ένα βήμα. Ο Σέρκης ενθουσιάζεται.)

– Έλα πάτα το λίο... Μπράβο! Έτσι μπράβο! Τωρά κάμε αλλόναν πατίν.

– Εν' ημπορώ.

– Άτε, αν το κάμεις να σου πω τζι' ένα ποίημά που έγραψα για λλόου σου.

– Μα έγραψες ποιήμα για μένα; Θέλω πολλά να το ακούσω.

– Αλλόναν πατίν τζι' ύστερις το ποίημα. *(Χαρούμενα)* Μπράβο σου! Ακόμα ένα!

(Η Ροδούλα προσπαθεί, αλλά ο Σέρκης πιστεύει ότι μπορεί να είναι πολύ νωρίς για να κάνει πολλά βήματα και της λέει.)

– Εν' πειράζει. Επειδής επροσπάθησες τούν' τη φορά εννά σου το δώκω αλλά αύριο εννά το πιάσεις μόνη σου. Έλα το τραντάφυλλο.

– *(Χαρούμενα)* Μα ήντα ωραία που μυρίζει!

– Έλα να σου τανίσω να κάτσεις δαμαί αναπαυτικά. Ετοιμάστου ν' ακούσεις το ποίημα μου. Αν δεν σου αρέσει όι να με περιπαίζεις.

– Πέ μου το! Υπόσχομαι ότι εν θα σε περιπαίξω.

(Ο Σέρκης αρχίζει να ψάχνει τις τσέπες του. Στη συνέχεια, εντοπίζει το κομμάτι χαρτί που είχε βάλει νωρίτερα στην τσέπη του, το ξεδιπλώνει, παίρνει μια βαθιά ανάσα και αρχίζει να διαβάζει.)

Η Δύναμη Της Αγάπης

Μέσα στην νύχταν μια αστραπή
εν η ζωή μας τούτη,
τζιαι νόημαν εν έχουσιν,
με ομορκιάν, με πλούτη.

Μόνον ο πλούτος της καρκιάς
εν πόσσιει σημασίαν
τζιαι σ' άλλον πράμαν εν πρέπει
για να διάς αξίαν.

Εσού σε το φεγγάρι μου,
που φέγγεις στην ψυσσιήν μου
τζιαι θκιάς μου φώς τζιαι δύναμη,
τώρα που είσαι αδύναμη,
στην άχαρη ζωή μου.

Γιατ' έσσιει όμορφες πολλές,
μα εν όφκερες που μέσα,
όμως εσούνι έσσιεις καρκιάν
που της αγάπης την μερκάν,
σγιόν νάσαι πριγκιπέσσα!

*(Η Ροδούλα ξαφνιάζεται ευχάριστα με αυτό που άκουσε. Έτσι,
με χαρούμενη και ενθουσιασμένη φωνή λέει στον Σέρκη.)*
– Ουάου! Μα ήντα ωραίο που ένει... Άρεσε μου πολλά!
Έσσιεις αλλό κανένα;

– Αφού σου άρεσε να κάμουμε μια συμφωνία. Αύριο πον' νά ξαναβρεθούμε εσούνι εννά προσπαθήσεις να κάμεις έναν πατίν παραπάνω τζιαι εγιώνι θα σου γράψω αλλόνα ποίημα. Σύμφωνοι;

– Μα αφού ξέρεις ότι εν μπορώ, φοούμαι.

– Αν θέλεις ποίημα, πρέπει να ξηφοηθείς.

– Καλά εννά προσπαθήσω… Αλλά εν σου υπόσχομαι ότι εννά τα καταφέρω.

* * *

(Την επόμενη μέρα, ο Σέρκης συναντά τη Ροδούλα στην αυλή του σπιτιού της. Παραδόξως, η Ροδούλα κάνει δύο αργά βήματα και ο Σέρκης με έντονη χαρά.)

– Μπράβο σου! Ακόμα ένα. Μπράβο, είδες που τα κατάφερες. Αμαν θέλεις μπορείς. Εν ούλα μες το νού μας. Αθυμούμαι τον τζιύρη μου που μου λάλε ότι: «άμαν θέλει ο άδρωπος, ταράσει τζιαι τα βουνά.»

– Νομίζω επολλολόησες τζι' εγιώ θκιάζουμαι να ακούσω το ποίημα σου.

– Έννά σου το πω το ποίημα όπως σου υποσχέθηκα. Εσκέφτομουν σε ούλλη νύχτα τζι' έγγραφα το για σένα.

(Ο Σέρκης βγάζει ένα κομμάτι χαρτί που είχε στην τσέπη του και το ξεδιπλώνει. Στη συνέχεια παίρνει μια βαθιά ανάσα και αρχίζει να διαβάζει.)

Πολλοί έν π' αγαπήσασιν,
τ' ωραίον πρόσωπον σου,
μα την ψυσσιήν την λεύτερη,
είχαν την πάντα δεύτερη,
τζι' εν ήτουν για καλό σου.

Για τούτον μόλις είδασιν
την ομορκιάν να φεύκει,
τζιαι την επιθυμίαν τους,
αμέσως να στερεύκει,

Εφύασιν τζι' αφήκαν σε
κατάτζειτην στο στρώμα,
μα εγιώνι που σ' αγάπησα,
πονώ για σένα 'κόμα.

Γιατί ποττέ εν αγάπησα
το πρόσωπο σου μόνο,
μ' αγάπησα την ομορκιάν,
που έσσιεις μέσα στην καρκιά
τζιαι σβύνει κάθε πόνο.

Για τούτον τζι' είμαι δαχαμαί
να σου κρατώ το σσιέρι
σγιόν να' σαι πεξιμιόν πουλί,
άσπρον μου περιστέρι.

(Ακούγεται θαυμαστικόν επιφώνημα – Αα... Ωω... Η Ροδούλα εκπλήσσεται ευχάριστα και ενθουσιάζεται με αυτό που άκουσε. Έτσι, με χαρούμενη και ενθουσιασμένη φωνή λέει στον Σέρκη.)

– Μα τούτον... εν' πιο ωραίον που τ' άλλον. Εν' άσιλα για μένα! Μπράβο!

* * *

(Μετά από λίγες μέρες, η Γιωρκούλλα βλέπει τον Σέρκη.)

– Σέρκη, έλα μια στιγμήν τον γιο μου που ποδά τζιαι θέλω σε.

– Ναι θκειά, τώρα έρκουμαι. Είντα που τρέσιει; Θέλεις τάνυμαν;

– Όϊ γιέ μου έννεν για τούτον που σε εφώναξα.

– Ε καλλό, θκειά Γιωρκούλλα, για είντα πράμαν με φώναξες;

– Έτο, θέλω να σε ευκαριστήσω πολλά που είσαι έτσι καλός με την κόρη μου. Θωρώ σε καθημερίς μες την αυλή τζιαι μεν νομίζεις ότι εν καταλάβω, καταλαβαίννω.

– Χαρά μου θκειά Γιωρκούλλα.

– Θέλω να ξέρεις όμως γιέ μου τα μαντάτα που τον γιατρό στην χώρα έννεν ευχάριστα.

– Είντα που σας είπε ο γιατρός;

– Είπεν μας ότι έμεινεν της ο φόος τζιαι τούτον εν πολλά δύσκολον να γιατρευτεί.

– Κάποιος τρόπος θα υπάρχει για να ξαπερπατήσει η Ροδούλα μας.

– Μόνον αν γίνει κάτι το συνταρακτικό τζιαι ξιάσει το φόο εννά περπατήσει.

– Ευκαριστώ σου θκειά, που μου τα λαλείς τούτα. Για μένα να ξέρεις η Ροδούλα εν πολλά σημαντική. Άμαν γελά γελώ τζιαι γιώ τζιαι άμαν κλαίει θέλω να κλαίω τζιαι εγιόνι μητά της.

– Άτε γιέ μου πήεννai τζι' εσούνι νάκκον έσσω σου τζιαι πίσκασε σε η μάνα σου. Πήαινε να σε δει να πνάσει λίον, τζι' έσσιει την έννοια σου.

* * *

(Λίγες μέρες αργότερα, η Μαριτσού αναζητά τη Ροδούλα.)
– Ροδούλα, Ροδούλα.

– Είμαι ποδά θκειά Μαριτσού, δίπλα που την ελιά. Αν θέλεις την μάνα μου εν ποτζιεί στο μαειρκό.

– Όϊ Ροδούλλα μου, εν' εσένα που θέλω.

– Εμένα;

– Ναι κόρη μου. Επαρακαλεσέ με ο Σέρκης να έρτω τζιαι να σου μαντατέψω ότι σήμερα έθθεν να' ρτει.

– Μα έπαθε τίποτις ο Σέρκης;

– Όϊ, μεν ανήσυχεις, έτο ήρτε ένας φίλος του που την χώρα τζιαι κάπου ήτουν να πάσιν. Είπεν μου να σου πω, να μεν τον καρτεράς σήμερον.

– Ευχαριστώ σε πολλά θκειά Μαριτσού.

– Εσού πως τα πάεις; Είσαι καλά κόρη μου;

– *(Λυπημένα)* Μα είντα καλά θκειά, άδε με ήνταλως εγίνηκα. Να περπατήσω εν ημπορώ.

– Καταλάβω κόρη μου ότι το λαμπρόν τζιει που πέφτει κρούζει αλλά μεν μαραζώνεις τζιαι ο Θεός εν μιάλος.

– Εβαρήθηκα συνέχεια δαμαί καθιστή.

– Ο μακαρίτης ο άντρας μου αν τζιαι γεωργός ήταν σοφόν πλάσμαν.

– Ξέρω το. Λαλεί μου ο Σέρκης για την σοφία του παπά του.

– Αθυμούμαι, λοιπόν, μια βολάν που εμαράζωνα πολλά, επήρε με έξω στην αυλήν τζιαι έδειξε μου κάτι δεντρά, που κρούσαν τζιαι ήταν μόνο ο κορμός τους τζιαι είπεν μου ότι εν ηξηγράφουν τα δέντρα άμαν η ρίζα εν γερή τζιαι δυνατή μες το χώμα.

– Ε, είντα που έγιναν τα δεντρά σας;

– Εκλάδεψεν τα, ετσάππισεν τα τζιαι ως του γρόνου ευκάλασιν άλλα, νέα, παραπούλια.

– Μπράβο του! Εδώκε ζωή στα κρουσμένα δέντρα!

– Έτσι εν τζιαι ο άδρωπος, κόρη μου. Ύστερις που έναν κακόν νομίζει πως ήρτεν το τέλος του. Όμως, πρέπει να αθθυμάται ότι ακόμα έσσιει ρίζες τζιαι ότι εννά πελήσει πάλαι.

– Πολλά καλά τα λόγια σου θκειά! Διάς μου πολλήν δύναμην!

* * *

(Την επόμενη μέρα, ο Σέρκης πηγαίνει αργοπορημένος στην Ροδούλα η οποία ήταν ανήσυχη.)

– Γειά σου Ροδούλα.

– *(Ανήσυχα)* Ε Σέρκη, άρκησες τζι' ανησύχησα ότι εννά μεν έρτεις ούτε σήμερα.

– Ποττέ... Εγιώ περιμένω την ώρα να έρτω να σε δω.

– Τότες, γιατί άρκησες;

– Άρκησα νακκουρίν γιατί οξόν που το ποίημα σήμερα έχω σου τζιαι μια άλλην έκπληξη. Είσαι έτοιμη να ακούσεις πρώτα το ποίημα;

– Ναι, είμαι ούλλη αυκιά...

(Ο Σέρκης καθυστερεί να ξεκινήσει να διαβάζει το ποίημα και η Ροδούλα είναι ανυπόμονη.)

– Άτε ρε Σέρκη τζι΄ανυπομονώ να ακούσω το ποίημα σου.

– Τώρα ν' ασκοπήσω να το έβρω.

(Ο Σέρκης συνεχίζει να ψάχνει τις τσέπες του. Εντοπίζει το χαρτί που είναι γραμμένο το ποίημα, το ξεδιπλώνει, παίρνει μια βαθιά ανάσα και αρχίζει να το διαβάζει.)

Ροδούλλα μου ότι τζι' αν σου
πώ για σένα ππέφτει λίον,
αφού είσαι ρόδον μυριστόν,
σ' ούλλον τον κόσμον ξακουστόν,
με γνήσιον «μεγαλείον»!

Η ομορκιά πόν μέσα σου
ποττές της έθθα λείψει,
τζιαι τίποτις έν μπορεί,
σγιόν σε θωρώ τζιαι με θωρείς,
ποττέ να την ξηλείψει!

Εν έσσιει άδρωπον στην γήν,
που να τα έσσιει ούλλα,
μα εγιώνι έναν πεθυμώ,
σ' τούτην την γη που περπατώ,
να μ' αγαπάς Ροδούλλα!

(Η Ροδούλα ξαφνιάστηκε και χάρηκε γι' αυτό που άκουσε. Έτσι, με μια χαρούμενη και ενθουσιασμένη φωνή λέει στο Σέρκη.)

– Μα τωρά... ήντα που να πω. Έν έχω λόγια. Μα που τα βρίσκεις; Το ένα ποίημα σου εν καλλύτερον που τα' άλλον.

– Μα είες;... Σκέφτομαι σε εσένα τζιαι γράφω τα τούτα. Είσαι η Ανεράδα μου, η έμπνευση μου.

– Κάμνεις με τζιαι κοτσιηνίζω άμαν ακούω τα ποιήματά σου.

– Τωρά εν ώρα για την έκπληξη που σου ελάλουν.

– Μα ήντα έκπληξη εν τούτη; Πε μου να δώ;

– Άμαν σου πω εν θαν έκπληξη. Θέλω να σηκωστείς τζιαι να 'ρτεις δαμαί στο τοιχαρούιν.

– Καλά, αλλά γιάλι – άλι.

– Μεν φοάσαι κρατώ σε καλά.

(Ο Σέρκης βοηθά τη Ροδούλα να φτάσει στον μικρό τοίχο στην αυλή της και μετά τη βοηθά να σηκωθεί.)

– Μπράβο Ροδούλα! Τωρά ποταυρίστου τζιαι δίκλα είντα που έσιει καρτζιεί μες στο στενόν.

– Εν καλά που θωρούν τα μάτια μου; Μα εν η Γρουσή μου τούτη;

(Αρχικά, ακούγεται ένας ήχος από καμπανελί και βέλασμα τσούρας. Στη συνέχεια, ακούγονται αργά βήματα, μετά πιο γρήγορα βήματα και στο τέλος τρέξιμο. Ο Σέρκης, παρόλο που είναι κατενθουσιασμένος δεν χάνει τα λόγια του και ενθαρρύνει ακόμα περεταίρω τη Ροδούλα.)

– Μπράβο Ροδούλα μου! Μπράβο σου! Εκατάφερες τα! Παρπατείς μανισιή σου...

(Η Ροδούλα καταφέρνει να φτάσει στην κατσίκα, χωρίς τα βοηθήματα και γεμάτη χαρά αγκαλιάζει τη Γρουσή. Ο Σέρκης που είναι κι αυτός γεμάτος χαρά λέει στη Ροδούλα.)

– Τωρά Ροδούλα ξήδισ΄την Γρουσή τζιαι φέρτην έσσω να την δει τζι' ο τζιύρης σου.

(Ενώ όλα αυτά διαδραματίζονται στην πίσω αυλή του σπιτιού, ο Χαμπής και η Γιωρκούλλα που είναι μέσα στο σπίτι αναρωτιούνται τι είναι αυτός ο συνεχιζόμενος θόρυβος.)

– Μα είντα που τούτη ούλλη η φασαρία μες την αυλή σιόρ; Ρα Γιωρκούλλα ασκόπα να δούμε.

Κεφάλαιο 4

– *(Με έκπληξη)* Βούρα γλήορα ρε Χαμπή, βούρα τζιαι έθθα το πιστέψεις.

– *(Απορημένος)* Μα είντα που είδες τζιαι κάμνεις έτσι;

– Βούρα να δεις την κόρη μας που περπατά! Εγίνειν θάμμα!

(Ενώ η Γιωρκούλλα κάνει το σταυρό της και ευχαριστεί την Παναγία για το θαύμα που έγινε, ο Χαμπής τρέχει γρήγορα έξω από το σπίτι και συναντά τη Ροδούλα.)

– Δοξάζω σε Μεγαλόχαρη που μας αξίωσες να δούμε με τα μάτια μας τουν' το θάμμα σου.

– *Ροδού μου, μπράβο κόρη μου, εκατάφερες τα!*

(Ο Χαμπής σε κατάσταση έκπληξης και αμηχανίας κοιτάζει την Ροδούλα να αγκαλιάζει τον Σέρκη και μιαν κατσίκα.)

– Μάν' τα που την μιαν αγκαλιάζεις τον Σέρκη τζιαι που την άλλη την τσούρα;...

– Ε παπά, εν εκατάλαβες ποιάν αγκαλιάζω;

– *(Με έκπληξη)* Απαναγία μου, μα εν η Γρουσούα μου τούτη;! Ήνταλως τζι' εβρέθηκε δαμαί;

– Ναι παπά εν η Γρουσούα μας!

(Ο Χαμπής γυρίζει προς τον Σέρκη. Το αρχικά έκπληκτο πρόσωπο του Χαμπή μετατρέπεται σιγά - σιγά σε θυμομένο.)

– Ρε Σέρκη, ώστε εσούνι ήσουν που μου την έκλεψες; Τώρα να σε πιάσω στα σιέρκα μου τζι' εννά σε σάσω καλά.

(Βλέποντας θυμωμένο και έξαλλο τον Χαμπή, ο Σέρκης πανικοβάλλεται και τρέχει στην αυλή του σπιτιού για να τον αποφύγει.)

— *(Με φοβισμένη φωνή)* Περίμενε θκειέ Χαμπή, περίμενε να σου εξηγήσω τζιαι τα πράματα έννεν έτσι όπως χαρκέσαι.

(Ο Χαμπής συνεχίζει να κυνηγάει τον Σέρκη μέχρι που παρεμβαίνει η γυναίκα του, Γιωρκούλλα.)

— Σταματάτε να βουράτε τζιαι δκυό σας. Σήμερα εν μέρα χαράς γιατί η κόρη μας επαρπάτησεν τζιαι εσείς τσακώνεστε για την τσούρα.

(Ενώ αναπνέει βαριά μετά το γρήγορο τρεξίμο, ο Σέρκης προσπαθεί να εξηγήσει στον Χαμπή και τη Γιωρκούλλα ότι δεν είναι αυτός που έκλεψε την Γρουσή.)

— Αφήστε με να σας εξηγήσω τζιαι εν να καταλάβετε ότι εν είμαι ο κλέφτης.

(Ο Χαμπής που είναι ακόμα νευριασμένος ρωτά θυμωμένα τον Σέρκη.)

— Ρε κοπελούι εξακολουθείς να μας περιπαίζεις; Ήνταλως εξαφανίστηκε η τσούρα; Ήνταλως εβρέθηκε στα σσιέρκα σου;

— Αθυμάσε τον Πετρή του Παλουζέ;

— Ρε Σέρκη μεν αλλάσεις κουβέντα, είντα σχέση έσιει τζιείνος ο καταχάλης με την τσουρού μου;

– Άκουμε θκειέ… ο Πετρής αγάπαν πολλά τη Ροδούλλα τζι' επειδή εσούνι εν του την εδίας, εβάστα σου άκκαμαν. Την μέρα που την εχάρτωνες την Ροδού με τον άλλον έκλεψε σου την Γρουσή. Έθελε να υποφέρεις τζι' εσού, όπως υπόφερεν τζιαί τζιείνος.

– Εκατάφερε τα ο πολλοπάητος! Μα που την είσιαι χωσμένη τζιαι εν τη ηβρήσακε; Εκάμα άνω κάτω ούλλον το χωρκό.

– Επήρεν την στη χώρα να την πουλήσει όμως στο τέλος εμετάνοιωσεν. Ήθελε να σου την φέρει αλλά εφοάτουν σε.

– Τζιαι ήνταλως εβρέθηκεν η τσουρού μου στα σσιέρκα σου;

– Τωρά που άρκεψεν το πανηύρι, ήρτε στο χωρκό μας τζιαι εζήτησεν μου να τον βοηθήσω για να σου τη δώκει πίσω τη τσουρού σου, τζιαι να τον συγχωρέσεις θκειέ. Εγιώνι είπα του να μου την δώκει, έθελα να κάμω έκπληξη της Ροδού μας πρώτα. Εννεν καλά που έκαμα;

(Το θυμωμένο πρόσωπο του Χαμπή μετατράπηκε γρήγορα σε ένα χαρούμενο χαμόγελο.)

– Ε καλά που έκαμες τον γιό μου.

– Εννά τον συγχωρέσεις;

– Αφού το εμετάνιωσε τζι' έφερεν μου πίσω την Γρουσή μου, τζι' ήταν τζι' η αφορμή να παρπατήσει η κοράσα μου, πε του ότι τον συγχωρώ.

– *(Με ανακούφιση)* Ευκαρίστουμε θκειέ Χαμπή.

– Έλα κόρη μου να σ' αγκαλιάσω.

(Ενώ ο Χαμπής αγκαλιάζει την κόρη του, σταγόνες δακρύων πέφτουν από τα μάτια του).

– Μα τρέχουν τα μάτια σου θκειέ Χαμπή;

– Ναι γιέ μου είμαι πολλά συγκινημένος. Πέρκιμον τζιαι πάει πάσαν κακόν. Αθυμήθηκα όμως ότι κάθε γρόνον έτσι τζιαιρόν επέμπα μας ένα σωρόν προξένια για τη Ροδού μας.

– Γιατί το λαλείς τούτον θκειέ Χαμπή εχαθήκαν τα πλάσματά που νοιάζουνται για την κόρη σου;

– Θωρείς κανέναν; Έσιει δκυό μέρες που εξεκίνησε το παναύρι του χωρκού τζιαι κανένας εν την εγύρεψεν. Άλλες γρονιές εκουτουλούσαν ο ένας πας στον άλλον ώσπου να την δουν.

– Μεν μαραζώνεις θκειέ τζιαι εννά σας πέψουν τζιαι φέτος προξένια.

– Λαλείς γιέ μου;

– Λαλώ θκιέ. Λαλώ το τζιαι υπογράφω σου το, τζιαι πρώτος τζιαι καλύτερος ε, ε, ε…

(Ο Σέρκης διστάζει να πει περισσότερα.)

– Έσιεις τίποτις να πεις ρε Σέρκη; Ήντα 'μεινες χασκούμενος;

– Αφού το θέλεις θκειε Χαμπή εννά σου πω.

– Άτε, λάλε να δούμε.

(Ο Σέρκης με τραυλή φωνή λέει.)
— Έσιει τζιαιρόν που το σκέφτουμουν αλλά εφοούμουν νάκκον. Αλλά μια τζιαι έφερε το η κουβέντα εννά το πω...

(Μικρή παύση. Ο Σέρκης παίρνει μια βαθιά ανάσα και συνεχίζει με σταθερή φωνή.)
— Έτο, θκειέ, εγιώνι που μιτσής την Ροδούλα επρόσεχα την πάντα τζιαι είχα την πάντα μες το νού μου τζιαι μαράζωνα πολλά που την έδωκες στον χωραϊτη.
— Μεν μου τον θυμίζεις γιατί πιάνουμε τα νεύρα.
— Αμμά έτο που τα πράγματα ήρταν άλλοσπως τζι' έφερεν την ο Θεός κοντά μου γιατί εγιώ αγαπώ την τζιαι θέλω να την κάμω γεναίκα μου, αν' με θέλεις τζιαι εσσούνι για γαμπρός σου δηλαδή...

(Ο Χαμπής σκουπίζει τα δακρυσμένα μάτια του με το χέρι του και το μέχρι πρότινος λυπημένο πρόσωπό του αλλάζει και στολίζεται με ένα μεγάλο χαρούμενο χαμόγελο.)
— Τζι' αρωτάς το γιέ μου. Άδρωπος που έδωκεν το γαίμα του για την κόρη μου εν ο καλύτερος γαμπρός!

(Στη συνέχεια, ξαφνικά και απροσδόκητα, η Ροδούλα παρεμβαίνει στη συζήτηση.)
— Μα εμένα ερωτήσετε με όξα κάμνετε με τον νου σας παϊράμιν.
— Πε μας κόρη μου.

– Όϊ έ σε παντρεύκουμε Σέρκη μου, τζιαι μαραζώνω που σου το λαλώ αλλά εγιώνι, έθελω να πάρω κάποιον που με λυπάται.

(Ο Χαμπής εκπλήσσεται με αυτά που ακούει.)
– Μα κόρη μου είντα που λαλείς; Έχασες τον νού σου;
– Ο Σέρκης εν καλό παιδί, αλλά εγιώνι εν θέλω έναν άντρα πον να νιώθει λύπηση για μένα.
– Μα κόρη μου…
– Παπά αησ' με να του εξηγήσω.
– Εντάξει, εν θα σε διακόψω, αλλά να ξέρεις ότι κάμνεις λάθος.

(Η Ροδούλα γυρίζει στον Σέρκη, τον κοιτάζει κατευθείαν στα μάτια και λέει.)
– Σέρκη, ξέρωτο ότι αν έχω τζιαι κανένα σημαδούι εν τζιαι εχάθειν ο κόσμος. Ούλοι μας έχουμε που κάτι πάνω μας που έσιει την δική του ιστορία τζιαι κάμνει μας ξεχωριστούς τζιαι ότι ο κάθε άδρωπος αξίζει γι' αυτό που ένει τζι' όϊ γι' αυτό που φαίνεται. Τούτα ούλα λαλλεί μου τα η μάνα μου ούλην την ώρα αλλά εγιώ νομίζω ότι εκρίμαν να χαραμίσεις τη ζωή σου με μια κουτσή τζιαι σημαδεμένη σαν εμένα, όπως λαλούν τζι' οι χωρκανοί. Γι' αυτό, εγιώνι ε σου πρέπω. Σέρκη, είμαι σίουρη ότι τζιείνη που εννά σε πάρει για άντρα της εννάν πολλά τυχερή!

Κεφάλαιο 4

(Ο Σέρκης χαμογελάει. Ο Χαμπής που παρατηρεί το χαμόγελο του Σέρκη εκπλήσσεται και αναρωτιέται.)

– Μα ήντα γελάς ρε Σέρκη; Εν ακούεις ήντα που σου λαλεί; Εν εκατάλαβές; Έν σε θέλει γιέ μου.

– Εγιώ, έννεν έτσι που κατάλαβα θκειέ.

– Είντα που κατάλαβες;

– Έν ήμουν σήουρος Ροδού μου, αλλά τωρά που σε άκουσα εσιουρεύτηκα πως μ' αγαπας αληθινά τζι' εσούνι.

– Είνταλλως εσιουρεύτηκες ότι σ' αγαπώ; *(Ρωτά με απορία τον Σέρκη.)*

(Ο Σέρκης γυρίζει στη Ροδούλα, την κοιτάζει γλυκά στα μάτια και της απαντά.)

– Αφου σε νοιάζει η ευτυχία μου, λαλώ σου ότι, μόνο μαζί σου είμαι ευτυχισμένος. Εσένα έχω στη σκέψη μου ούλη μέρα τζιαι καρτερώ την ώρα τζιαι την στιγμή να 'ρτω κοντά σου. Όσο για τις κουβέντες των αθκιασερών των χωρκανών μας, εμμέναν ε με κόφτει. Εγιώ θωρώ το έσσω μου, τζιαι είνντα που μου λαλεί η καρκιά μου.

– Είντα που λαλεί η καρκιά σου; *(Ρωτά ξανά η Ροδούλα.)*

(Ο Σέρκης παίρνει το χέρι της Ροδούλα και το τοποθετεί στην καρδιά του που χτυπάει έντονα.)

– Η καρκιά μου λαλεί ότι ε για σένα που κτυπά. Όσο για τα άλλα που είπες για το είνταλως σε θωρούν οι χωρκανοί θέλω να ξέρεις ότι για μένα τζείνον που έσσιει αξία εν το θωρώ με τα μάτια. Θωρώτο με τα μάθκια της καρκιάς τζι' εγιώ πάνω σου εν θωρώ καμιά ουλήν, εν την καρκιάν σου που θωρώ που δίπλωσε τον νού μου. Αν εσού όμως για την κατζία του κόσμου ε μου κρωστείς.

– Αν εν σου κρωστώ είντα που να κάμεις; *(Ρωτά ξανά η Ροδούλα.)*

– Τότες, ξέρεις νομίζω ήντα πεισματάρης είμαι. Εννά σε κλέψω Ροδού, εννά σε πάρω με το ζόρι. Έν εκατάλαβες που ούλλα τζείν' τα ποιήματα, πως ήσουν ο πόθος της καρκιάς μου!

(Η Γιωρκούλλα παρεμβαίνει στη συζήτηση.)

– Κόρη μου έσιει δίτζιον ο Σέρκης, άκουμε τζιαι μένα που είδαν πολλά τα μάθκια μου, οι ομορκιές τζι' οι καλοσύνες του πλασμάτου εν μέσ' στην ψυσιή του χωσμένες. Ήμουν τζι' εγιώ κορούα κάποτε τζιαι ξέρω ήνταλως ένει. Εγιώ, η θκειά σου η Μαριτσού, η νούνα σου ήμασταν οι ομορφότερες τους χωρκού. Τα χρόνια όμως επεράσαν κόρη μου τζι' επήραν τζιαι τις ομορκιές μητά τους. Αήκαν μας όμως τη φιλία μεταξύ μας, την αγάπη, τις οικογένειες μας. Τούτα εν που μας δκιούν πραγματική χαρά σε τούν' τον κόσμον.

(Ο Χαμπής, που συγκινήθηκε πολύ από αυτά που άκουσε, σκουπίζει τα μάτια του και λέει.)

– Άτε κανεί κουβέντες, εγιώ είμαι ο τζιύρης της τζιαι ότι πω εγιώνι εν που να γίνει. Αποφάσισα το. Κόρη Ροδού... την Τζερκατζιή παντρεύκεσε... Λάμνε γιέ μου να φέρεις τζιαι την μάνα σου να το γιορτάσουμεν.

(Η Γιωρκούλλα αγκαλιάζει και τους δύο, τη Ροδούλα και τον Σέρκη, τους φιλά και τους εύχεται.)

– Να ζήσετε παιδκιά μου. Τις ευτζιές μου να έσιετε. Δοξάζω τον πλάστη μου, που ήρταν ούλα δεξιά πάλιν.

– Τωρά που τόπες τούτον θκειά Γιωρκούλλα, μητέρα ήθελα να πω, αθύμισες μου τζιαι κάτι άλλο που είπε ο Πετρής του Παλλουζέ.

– Είντα που σου είπε;

– Είπε μου ότι που τον τζιαιρό που σας έπιασε την τσουρού σας, την Γρουσή, ούλλα επήαιναν του δεξιά. Σαν να άνοιξε η τύχη του.

– Δηλαδής, ήνταλως άνοιξε η τύχη του;

– Επήεν εις την χώραν τζι' ήβρε δουλειά με καλά ριάλλια, ήβρε μιαν γεναίκα που τον αγαπά τζι' έσσιει τζιαι κάμποση προίκα. Νομίζω πως τωρά καρτερούν διπλάρκα.

(Ο Χαμπής, που ακούει τη συνομιλία, γυρίζει στη Γιωρκούλλα και της λέει με έντονο τρόπο.)

– Είες, μεσ΄την νησκιάν του τυχερού, γεννα τζι΄ η όρνιθα του! Ενώ εμείς, που τον τζιαιρό που χάσαμεν την Γρουσήν ούλλο προβλήματα τζι' αναποδκιές. Τζιαι μόλις ήρτε πίσω, σαν να 'ρτε τζιαι η τύχη μας πουταπισόν της. Επερπάτησεν η Ροδούλα μας τζι' ήβραμεν τζιαι τον καλύτερον γαμπρόν. Χαρκούμαι, πως η Γρουσή ένι το γούριν μας τζι' έγλεπε την Γιωρκούλλα, ακούεις έγλεπε την, γιατί **μόνον αν έσιεις μια Γρουσήν ...εν να δκιαβαίνεις πέρα.** Άκουσες;

* * *

(Μετά από μερικού μήνες...)

Όπως αναμενόταν από την επιστροφή της Γρουσής, τα κέρδη του Χαμπή από τις πωλήσεις χαλουμιού αυξήθηκαν σημαντικά. Ο Χαμπής έγινε λιγότερο τσιγκούνης και περισσότερο γενναιόδωρος, και άρχισε να δωρίζει τακτικά χρήματα και αίμα στον Κυπριακό Ερυθρό Σταυρό.

Η Ροδούλα περπάτησε χωρίς βοήθεια στο γάμο της φορώντας ένα όμορφο άσπρο νυμφικό και κρατώντας ένα μπουκέτο πλουσιοπάροχα στολισμένο με ωραία κόκκινα τριαντάφυλλα. Η επίτιμος προσκεκλημένη ήταν η Γρουσή, που στεκόταν έξω από την εκκλησία με μια χρυσή κορδέλα στο λαιμό της!

«Τέλος»

ΟΙ ΠΟΙΗΤΙΚΟΙ ΣΤΙΧΟΙ ΤΗΣ ΝΟΥΒΕΛΑΣ

Πολλοί άνθρωποι συχνά έχουν δυσκολία να εκφράσουν τα βαθιά αισθήματα τους με απλές κοινές λέξεις. Ωστόσο, κάποιοι από αυτούς τους ανθρώπους έχουν την αξιοθαύμαστην ικανότητα να εκφράζουν αυτά τα αισθήματα διαμέσου της ευγενούς τέχνης της ποίησης.

Ένας από τους πρωταγωνιστές της ιστορίας, ο ταλαντούχος νεαρός, Σέρκης, στην προσπάθεια του να ανεβάσει την αυτοπεποίθηση και τη ψυχολογία της τραυματισμένης παιδικής του φίλης, Ροδούλας, και να τη βοηθήσει να περπατήσει ξανά, της γράφει και της απαγγέλλει κάποιους όμορφους στοίχους. Οι εν λόγω στίχοι εμφανίζονται σε τρία διαφορετικά σημεία του βιβλίου.

Έτσι, διαμέσου αυτών των ρομαντικών στοίχων, τα κρυμμένα και βαθιά του συναισθήματα που είχε πάντα για την Ροδούλα αποκαλύπτονται για πρώτη φορά. Αυτοί λοιπόν οι ρομαντικοί στίχοι έχουν συλλεχθεί και τυπωθεί στις επόμενες δύο σελίδες.

Μέσα στην νύχταν μια αστραπή
εν η ζωή μας τούτη,
τζιαι νόημαν εν έχουσιν,
με ομορκιάν, με πλούτη.

Μόνον ο πλούτος της καρκιάς
εν πόσσιει σημασίαν
τζιαι σ' άλλον πράμαν εν πρέπει
για να διάς αξίαν.

Εσού σε το φεγγάρι μου,
που φέγγεις στην ψυσσιήν μου
τζιαι θκιάς μου φώς τζιαι δύναμη,
τώρα που είσαι αδύναμη,
στην άχαρη ζωή μου.

Γιατ' έσσιει όμορφες πολλές,
μα εν όφκερες που μέσα,
όμως εσούνι έσσιεις καρκιάν
που της αγάπης την μερκάν,
σγιόν νάσαι πριγκιπέσσα!

* * *

Πολλοί έν π' αγαπήσασιν,
τ' ωραίον πρόσωπον σου,
μα την ψυσσιήν την λεύτερη,
είχαν την πάντα δεύτερη,
τζι' εν ήτουν για καλό σου.

Για τούτον μόλις είδασιν
την ομορκιάν να φεύκει,
τζιαι την επιθυμίαν τους,
αμέσως να στερεύκει,

Εφύασιν τζι' αφήκαν σε
κατάτζειτην στο στρώμα,
μα εγιώνι που σ' αγάπησα,
πονώ για σένα 'κόμα.

Γιατί ποττέ εν αγάπησα
το πρόσωπο σου μόνο,
μ' αγάπησα την ομορκιάν,
που έσσιεις μέσα στην καρκιά
τζιαι σβύνει κάθε πόνο.

Για τούτον τζι' είμαι δαχαμαί
να σου κρατώ το σσιέρι
σγιόν να' σαι πεξιμιόν πουλί,
άσπρον μου περιστέρι.

* * *

Ροδούλλα μου ότι τζι' αν σου
πώ για σένα ππέφτει λίον,
αφού είσαι ρόδον μυριστόν,
σ' ούλλον τον κόσμον ξακουστόν,
με γνήσιον «μεγαλείον»!

Η ομορκιά πόν μέσα σου
ποττές της έθθα λείψει,
τζιαι τίποτις έν μπορεί,
σγιόν σε θωρώ τζιαι με θωρείς,
ποττέ να την ξηλείψει!

Εν έσσιει άδρωπον στην γήν,
που να τα έσσιει ούλλα,
μα εγιώνι έναν πεθυμώ,
σ' τούτην την γη που περπατώ,
να μ' αγαπάς Ροδούλλα!

THE STORY IN THE
ENGLISH LANGUAGE

THE HALLOYMARIS
AND HIS LUCKY CHARM

PREFACE

T he content of this novella is both a cheerful romance and an informative story about halloumi, the renowned cheese of Cyprus that is an integral part of the traditional life of this Eastern Mediterranean island. It has the specific purpose to explore and to publicize this important cultural aspect of the country. This is not a scientific study of the whole subject, but nevertheless it endeavours to convey the essence of this significant aspect of Cypriot cultural life in an as accurate way as permitted by the fictional scenario.

On 12 April 2021, by decision of the European Commission, Halloumi / Hellim was officially registered as a product of Protected Designation of Origin (PDO). Therefore, from this historic date, only the appropriate products manufactured in Cyprus can only bear the name Halloumi / Hellim provided that the required specifications are met. In this way, the emblematic semi-hard white cheese of Cyprus with centuries of tradition is thus protected from all kinds of imitations and abuses of its name throughout the E.U. Consequently, after this historic date the "white gold" of Cyprus, is now officially secured. This is an important development for the Cypriot producers, both Greek Cypriots and Turkish Cypriots, who undoubtedly will benefit financially from the new PDO regime, and the halloumi industry has since then acquired both prestige and increased value.

According to one tradition, halloumi was made for the first time during the Byzantine period, between 395 AD and 1191 AD. The first extant document that records the existence of halloumi somewhere in the world dates from the Venetian era of Cyprus, about five hundred years ago. Specifically, in 1554 we have the interesting information of the historian Florio

Bustron that halloumi in Cyprus is produced during the whole month of March and trachanas[2] is produced during the whole month of July ("Li calumi per tutto Mazzo. El tracana per tutto Luio")[3].

Due to the relative scarcity of rainfall and green grass in Cyprus (compared to more northern lands) the most suitable farm animal is the goat. The goat survives and thrives even in a harsh climate like the desert environment. By contrast, cows and sheep are more suitable to lands where green grass grows all year round. It is worthy to notice that due to the very dry climate, there were very few cows in Cyprus until they were brought over by the British in the 20th century.

Nowadays, halloumi is considered the trademark of authentic Cypriot cuisine. For centuries, this delicious cheese has occupied a special place in the Cypriot diet. The people of rural Cyprus relied on halloumi as a source of protein. In addition to meeting their nutritional needs, the preparation of halloumi was a practice of social solidarity and mutual assistance between families and an opportunity to socialize with each other. Significantly, in many villages, the whole community came together and formed cooperatives so that it could improve both the efficiency of producing halloumi and the quality of the final product. The recipes varied from region to region, and each using, in addition to the necessary ingredients (milk, rennet, salt and mint), their own unique techniques and secret ingredients. Halloumi became so important in the life of the villages, that even several families during the 19th century, had surnames such as: "Halloumas", "Halloumaris".

---

[2] Trachanas is a type of sour soup made from cracked wheat and fermented goat's milk.
[3] https://docplayer.gr/67755115-Ta-galaktokomika-proionta-ston-etisio-kyklo-tis-paradosiakis-zois-stin-kypro.html

Even families in towns and villages, whose main occupation was not animal farming (for example, land farmers, priests, teachers, artisans, traders, etc.), kept in their household one female goat in their yard as a pet, apart from providing them with milk.

From the early years of the 21st century, halloumi has gradually begun becoming very popular in England and Greece (due mainly to the presence of the Cypriot community) as well as in many other countries. Consequently, production and export of halloumi has become a fast-growing industry that provides an increasing number of jobs to Cypriots.

Through this dramatized story and its amusing and thrilling scenario, the reader will discover almost all about halloumi and various other interesting aspects of the rural life of Cyprus.

Enjoy the story!

Lysandros Lysandrou
November, 2021

ACKNOWLEDGMENT

This book would not have been possible without the support, encouragement, and patience of my friends. They are my carefully chosen and permanent partners, colleagues and helpers.

Firstly, I would like to thank Dr. Xenia Tsolaki Metaxa and Mr. Antonis Chatziantonis, not only for proof reading and editing the English text but also for their overall positive attitude towards it. Secondly, I would also like to thank Mr. Theocharis Theocharous, as he was incredibly insightful in helping me frame my perspective around the topic and motivating me to dig more deeply and more widely in my pursuit and endeavours. Lastly, I want to give special thanks to my friend, Mr. Marios Savva, who has never ceased reminding me to be positive despite my pursuit of perfectionism and the consequent frustrations when failing to achieve it. As he says, "the unattainable endeavour of trying to make something perfect can actually prevent us from making something merely good." In the case of the present work, instead of striving myself to author the impossibly perfect book and inevitably failing, I hope that I have produced an acceptably quite good book.

I want to thank all of my friends for being my sources of strength, humor, and understanding. Without their constant encouragement and inspiration, this accomplishment would not be possible. Thank you for everything!

THE MAIN CHARACTERS

Most main characters are described in the next two pages, while some others will be discovered by the reader in the text of the book.

Arguably the chief protachonist of this novella is halloumi as explained in the preface.

Rosie is a beautiful young lady, polite, shy and she helps her mother with the housekeeping and her father with his business. Unlike most other young persons, she always endorses the wise instructions and advice of her elders. All the eligible young men of the village want to marry her.

Michael, Rosie's father, is a typical villager, in his early fifties living and working in an idyllic bucolic environment. He is commonly known as "Halloumaris", because he is the village's halloumi maker. Michael is selfish, arrogant and has a great idea of himself. He is Scrooge-like stingy; he has an unnaturally great passion for money. For this reason, he wants to arrange his daughter's marriage to some rich young, or not so young, man.

Georgia is Michael's wife and Rosie's mother. She is an ordinary village wife who cares a great deal about her family. She works hard and helps Michael with the production of halloumi, but she is not mean like her husband. She is a very good housekeeper and an excellent cook.

Theo[4] is a young man in his early twenties. He is polite and very well-behaved. He likes to make good-natured jokes, and his hobby is to write poems. His father died when Theo was very young, and this sad event forced him to mature early. He lives with his mother next to Rosie's family. Theo and Rosie have been close friends since early childhood. He loves her secretly and he wants to marry her.

Maria is Theo's mother. She is a wise and prudent woman in her early fifties, who lost her husband early. Unfortunately, she had to raise her son alone. Despite all these difficulties, she brought up Theo to be a man of principles.

* * *

---

[4] Theo is the short form for Theodore and means God-given.

1

THE FESTIVAL

Sounds of pleasant Cypriot traditional music are heard along with conversations, footsteps and various noises, suggesting the occurrence of an ongoing festival. Then, Michael makes his final sales pitch.

– Come on people, come on... Here you can find "halloumi"[5], the best halloumi in the market. Come on, come on, buy it. I have fresh halloumi. You have not eaten anything like this before. Come on, come on...

---

[5] "Halloumi" is a traditional Cypriot product, brined, slightly springy white cheese, traditionally made from a mixture of goat's and sheep's milk. Nowadays, due to the much increased demand, cow's milk is also added.

Chapter 1

(Sounds of bleating are heard and Rosie says to Michael, her father.)

— Father, was it necessary to bring Goldie, our goat, with us?

— Goldie is our mascot. It is our "luck". Look how lovely she is. She is as beautiful as gold! Tell me, have you ever seen a more beautiful goat?

— I agree with you but …

— Rosie, stop talking and start smiling. I think today we will sell a lot of halloumi. Look how many people are coming to the fair.

(Georgia, Michael's wife, intervenes in the conversation and says.)

— Rosie, your father is right. I see a lot of people at our village festival this year.

(Then, Michael turns to his wife, Georgia, and tells her.)

— As for you, Georgia, I hope that you will not repeat what you did last year when you gave away some halloumi without taking money ...

— Michael, do not start talking about money again. Money is not everything.

— This is how the market works, Georgia, with money. Money makes the world go round.

– You told me this many times. You must understand that this kind of mistake is possible to happen in our trade. We do a lot of business, so it is natural to make some mistakes. Flawless are only those who do nothing. I do not regret losing last year a packet or two of halloumi. God bless them whoever took them for free.

* * *

(A few meters away, a young man, Theo, tells Maria, his mother.)

– Mother, look over there, they are playing village games. They are playing "ziziro"[6] and over there "ditzimi"[7]. I do not know where to look first. Shall I look on the right or on the left?

– It has been a long time since I last saw such a large crowd gathered at our village feast. Look Theo, it's the guy from the city who lifted up the rock. Nobody else has managed that. I did not expect that at all.

---

[6] Ziziro is a traditional game played during the Easter holidays. One person has to cover his eyes while one of the rest behind him strokes him on the back, sometimes softly, sometimes hard! The person has to guess who touched him and if the guess is correct that person takes his place. Immediately after the hit all the persons make a "zzzz" sound like a cicada (ziziros) and wave a finger in circles, so as to confuse the unlucky one.

[7] Ditzimi is the game played only by the stronger men of the village. Whoever manages to lift and hold longer the "ditzimi", namely a large and heavy stone, is the winner.

Chapter 1

‒ Look mother how many people are over there at Michael's place. His halloumi attracts the crowd like a flower attracts a bee, and his sales have taken off.

‒ This is what happens, my son, if you sell a good product. Everybody wants to buy it.

‒ Mother, I think that it is not only the good product that attracts people at Michael's place.

‒ You are right Theo. It is Goldie as well.

‒ Ah!!! You mean the goat?

‒ It is the most beautiful goat in the whole country. Her colour is unusually strange, resembling gold. Apparently, Goldie has brought a great deal of good luck to Michael. Since he got that goat, everything is going his way. His business, his money, his family…

‒ Is Goldie the only attractive thing that you see over there, mother?

‒ What do you mean, son?

‒ What about Rosie?

‒ I still do not understand.

‒ Look how beautiful she is.

‒ She is beautiful, indeed. There is no doubt about it, but I don't see the relevance to what we are discussing.

‒ She is lovely and pretty! She is more beautiful than Aphrodite, the Goddess of beauty, and more colourful than Iris, the Goddess of the rainbow!

– Please my son, do not pay attention to Rosie because if you do, her father will not like that at all.

– I have not said that I pay undue attention to her.

– Do you think that I am stupid? I have noticed the way you look at her all the time. I know that Rosie is a good and attractive girl, but her father loves money and wants his daughter to marry a rich man, either young or not so young, preferably through matchmaking.

– Mother, I know that we are not rich, and that Mr. Michael has too great a passion for money, however he is not a bad person.

– Being stingy is probably the worst character defect in any person. I do not want to disappoint you. I want to advise and protect you. Besides, do you remember what happened to Peter?

– Of course, I remember. One day Michael yelled angrily at Peter in the village café in the presence of all the regular customers because Peter had sweetly looked at Rosie.

– I do not want you to suffer any humiliation, my son. You do not deserve that.

– Do not worry mother, I know what I can and can't do. Now that you have mentioned Peter, I met him yesterday, and Peter told me that he wants to get out of our village for good. He wants to live far away from our village and some other nonsense that I did not pay attention.

Chapter 1

– Poor boy. All of you (Peter, Rosie and you) grew up together. I remember how many crazy things you did together. How many pots you smashed every time you jumped over the wall of the back yard to get together to play. And if anybody dared to tease your "sister", he/ she would be in trouble with you and Peter. This is how you used to call Rosie, "your sister". Now…

– Mother… let's go over there; it is the time that the acknowledged mastros (i.e. master) of halloumi (Michael), will demonstrate how the traditional halloumi is made.

* * *

(Many revelers at the feast are going to approach Michael's place. Michael in a joyous voice says to the people who are present.)

– As the president of the village council said, I am going to show you how the traditional halloumi is made. My mother taught me this recipe that she in turn had been taught by her mother. The truth is that because halloumi needs many "hands" I am getting help from my wife, Georgia, and my daughter, Rosie, who I've taught this art since she was a child.

We next list the things (ingredients and tools) we are going to use in the manufacturing process of halloumi:

Goat's milk, the "hartzi"[8], the "kouroukles"[9],the "pythkia"[10], the spearmint and the salt.

First, we pour the milk in a hartzi through a kouroukla. Then we warm up the milk, slowly to avoid the possibility of burning it. We then add the pythkia and stir. When the milk is thickened the "drosinos"[11] sinks to the bottom of hartzi and the "anari"[12] floats. We collect anari slowly - slowly, salting it, and put some spearmint on it. Then we take out the drosino, the solidified mass of the boiled milk, cut it in small pieces and fold them into the normal well-known chunks. We put them back into the hartzi with "noros"[13] for boiling. At the end of the boiling process, the solid pieces of the product come to the surface of noro. They are picked up and spearmint and salt are placed into the fold. Finally, we put them in cases with noro to preserve them for a long time. So, in this way, we have halloumi all the year round.

---

[8] "Hartzi" is a large bronze pot.
[9] "Kouroukla" is a pierced cloth used as a filter. Its original use was as a head cover by the women of Cyprus.
[10] "Pythkia" is rennet solution, it is the ingredient that helps to thicken the milk during the cheese-making process.
[11] "Drosinos" is the fresh unsalted cheese which derives from thick milk.
[12] "Anari" is a soft cheese, a by-product of the manufacture of halloumi.
[13] "Noros" is the milky water produced in the process of making the halloumi.

This is the wonderful, finished product that we call halloumi. This is how the most delicious halloumi of our village is made. Come and taste it. I am going to cut it in small pieces and put them on the tray. If you like them, you can buy them. I am selling them at a special low price, especially, for you.

* * *

(After a busy day, Georgia, in a low and tired voice, says to her husband.)
— Mastre Michael, we have sold out. I have been working hard all day today, so now I am exhausted.

(Michael too, was tired and exhausted. He looks around for a while, and then, he turns to his wife and with a huge smile on his face and a joyful voice says.)
— You are right Georgia, you are right! We have sold everything!
— We have no more halloumi, not even a sample.
— Indeed! The best part, I have not mentioned to you yet.
— What is it?

(There is a pause for a while and Georgia who is curious to what has happened says.)
— Tell me Michael, tell me. Do not keep me in suspense.
— Today, Xenia the matchmaker, passed by.

— Oh my God, now that you have mentioned it, I have seen her. She left this place holding a box of halloumi and I remember well that she did not pay me.

— Georgia, you remember very well. Indeed, she was holding a box of halloumi, but she did not steal it. I gave it to her as a gift.

— You gave her a whole box of halloumi for free!

— There is no such thing as a free lunch.

— If nothing is free, then why?

— Because she told me some very good news.

— What is this news that it is worth a whole box of halloumi?

— She brought us a matchmaking proposal for our daughter, Rosie.

— But Michael, she brings us matchmaking proposals every year and we have never given her free halloumi.

— I know that Georgia, I know it, but this year it is special news. At long last, she brought me a matchmaking proposal from the family I have been waiting anxiously for a long time. It is great news. It is even better than winning the lottery!

— From whom did she bring you matchmaking proposal?

— He is one of the richest men in the capital. He and his family have lived abroad for many years and made a fortune. Recently, they have decided to return to Cyprus.

— He must be the same age as you, according to what you are telling me.

— The proposal is not about the man I am talking about, but his son who also came back to Cyprus. However, his son is not sure if he wants to stay on this island despite his father's wish to stay.

— If his son wants to return to England then, what is the point of this discussion?

— His father thought that the best way to persuade his son to stay in Cyprus is to get him married here. His father heard how beautiful, polite, and an excellent young lady our daughter is, and they came to our village festival specifically to see and meet Rosie.

— What else did you discuss?

— He told me that if I say yes to this marriage, he is going to set up for me a big factory to manufacture halloumi on an industrial scale!

— This is irrelevant to our daughter's happiness.

— I disagree with you. It is very relevant. She and her children will not have any financial difficulties under any circumstances.

— How many times have I told you that you cannot always put a price to everything. Besides that, we have to ask Rosie as well.

— She is going to do whatever I instruct her. Anyway, I do not think that she will refuse such an excellent proposal. Opportunity never knocks twice.

— The way you behave, it is like you won the lottery.

— It is true. It is like I won the lottery and specifically the jackpot. I am already thinking about the big factory and exporting halloumi abroad. What do you think; shall I put the photo of Goldie, our goat, on halloumi boxes?

— Everyone thinks about their own concerns. Your mind is on business and making money all the time.

* * *

2

THE DISAPPEARNCE

A *few days after the festival, at Michael's farm.)*
– Georgia, Georgia, I have found the door of our barn open and Goldie is missing.
– Michael, I thought that I had closed all the doors… or maybe not. With all these preparations for the engagement I am not sure whether I did it or not.
– I think you are out of your mind. I have told you many times that after you feed the goats you should secure all the gates, especially the gate of Goldie's enclosure which is separate from the others.

— Do not worry, even if Goldie has left we will find her. Where can she go? Our village is small and Goldie is so different and easily recognized. Furthermore, wherever she goes, she will come back because she will not find a better place than here. We feed her the best quality food, twice a day.

— I hope you are right.

— Come on, cheer up, we have a celebration today. Our daughter is getting engaged.

* * *

(In the evening, at Michael's estate, there is an engagement party. Sounds of pleasant music, bouzouki and wishes are heard and Maria, the next-door neighbour, wishes to Rosie.)

— To prosperity and long life, Rosie. The engagement ring you wear, soon to be replaced by the wedding ring.

— Thank you very much, Mrs. Maria.

(On the same long engagement table, Michael, who is still wondering what has happened to his goat, speaks to his wife.)

— Georgia, please bring me another zivana[14] to drink, so I can forget about Goldie and be in good spirits.

---

[14] Zivania is a traditional Cypriot alcoholic beverage.

(Michael drinks very quickly his zivania and noisily thumps his glass on the table. Then, Theo suggests that it is time to make a toast.)

— Cheers "uncle" Michael, cheers!

— Cheers Theo, cheers!

— Are you going to sing a "tsiatisto"[15] by way of toast making, or shall I?

— Oh no, I am the bride's father, and so I should sing first.

(Michael drinks very quickly another glass of zivania and places his glass on the table. There is a short pause and then he says.)

Eee, I always add mint for flavor
in the halloumi that I eat,
Eee, and if you taste it, the relish is greater
than that of a Cyprus delight!

(Comments from guests: "bravo", "very good", "he put halloumi even in his toast making speech, etc.)

(Laughing is heard)

---

[15] "Tsiatisto" is a form of a traditional poem.

(Pleasant bouzouki and violin music are heard. Then, Michael stands up and goes to the dance floor and performs a traditional dance to honour the young couple.)

* * *

(After a few days)

(Michael walks annoyingly in his living room. He walks repeatedly up and down. His wife, Georgia, pleads with him.)

— Michael, please stop doing that. I am getting annoyed seeing you walking back and forth from one end of the lounge to the other.

— Georgia, I am worried about my beloved goat, Goldie, and I cannot relax.

— So many days have passed, and you are still grieving for a goat! If a person died, you would not grieve so much.

— You know how much I love my Goldie. It is my mascot, my charm, and my dear companion. When she was near me, I had joy and real passion for my work. I could work day and night without getting tired. Now, I feel that everything goes wrong and I have no desire to work anymore.

— Even you, Rosie! Please stop crying.

– Mother, I feel the same as dad. I am also sad and I am not in the mood for anything. I love her very much. We grew up together. She was like a sister to me.

– Enough! Both of you have gone beyond the pale. You feel great sorrow for a goat. Ok, she has left, she has disappeared. It is time to bring this matter to an end. It is no good crying over spilt milk. Besides, Rosie's father-in-law said that he would bring not one but ten other goats even more beautiful than Goldie.

– Goldie was a special one. She was like my child.

– Michael, you are behaving like a child. Whatever I tell you, you are answering the same thing. I do not know what to do with you anymore!

* * *

3

THE MISFORTUNES

*F*ew months later. While Rosie is sweeping the
floor of her house, Georgia, her mother,
instructs her to go faster.)

— Rosie, we must work faster because we may not finish
the cleaning and the decoration of the house on time.

— I've become very stressed and anxious mother, because
as you say we are not going to have everything ready on
time. Next Sunday I am getting married and I have so
many more things to do.

— When you need to do more work, you should get up
earlier in the morning. It is the early bird that catches the
worm.

Chapter 3

(Suddenly, a car stops in front of the house and the horn of the car is heard.)

— Mother, my fiancé is here.

— You carry on doing your work and he will come in the house.

— We agreed that he would blow the horn of the car and I go to his car. We have lots to do.

— Where are you planning to go again? What have you planned to do?

— We should go to Nicosia (the capital of Cyprus) to see his sister. Then, I will go to the dressmaker to do the final fitting of the wedding dress, and after that we will all go out for dinner.

— What time will you be back home?

— We do not know what time we will be back, but in case we are late, go to bed, there is no need to wait up for us.

— Alright my daughter, you go and enjoy yourselves, but you must drive carefully. Tell your fiancé not to drive fast because our roads are dangerous, especially at night.

— I know it, mother, do not worry.

* * *

(After a while, Michael returns home and seeks for his daughter Rosie.)

— Rosie, Rosie … Where are you, my sweetie?

(Georgia responses.)
— What do you want of her?
— I want her to make me a Cyprus coffee.
— I will make you the coffee.
— Anyway, but, where is she?
— Rosie is not home.
— Where is she?

(Next, Rosie's father sits on a chair while listening to his wife's explanations, waves his head and says.)
— Georgia, is it reasonable for our daughter to do such things? A few days before her wedding and instead of staying home, she goes out every night. What are our fellow villagers supposed to think and make it a hot topic for gossip?
— People will say that she went out with her fiancé for dinner, listen to music and celebrate her forthcoming marriage.
— Why do they go out for dinner? Thank God, we have plenty of food at home. If they want, I can make them shish-kebab, sausages, mushrooms, and halloumi on the barbecue. For dessert, we have "fresh anari"[16] with either

---

[16] Fresh anari is a white fresh soft creamy cheese of a mild sweet taste made from goat or sheep's milk.

honey or carob syrup[17]. As for music, they can turn on the radio, or even better, I can sing for them. When I drink commandaria[18] my voice sounds like a bird singing. I do not want to boast, but other people say that I have a good singing voice.

– Michael, nowadays the tradition has changed, it is not like before when the fiancé could not see the bride before marriage.

– The older we get the stranger the situations that we face!

– Young people, nowadays, prefer to celebrate on their own. They prefer not to have us, the old folks, with them.

– Speak for yourself. I do not feel old.

– What I meant to say is that every generation has its own interests. But children will never understand that they are in their parent's mind all the time.

– It is true that people say, "those who have no kids have one problem but those who have children have many more problems".

* * *

---

[17] The carob syrup is made by boiling carob pods in a large bronze container with water for around four hours. Carob syrup is perfect for drizzling on yogurt or anari cheese for a sweet but healthy snack.

[18] Commandaria is a sweet dessert wine, produced in Cyprus for millennia, made from sundried grapes, of the xynisteri and mavro (black) varieties.

(The bell of the church rings. Then, Georgia says to her husband.)

— Michael, I am going to Maria's house to have a coffee.

— Come on Georgia, we have so much work to do and you are going for a coffee?

— Today, Maria has prepared a memorial service for her husband. Only a wall separates our house from her house. It would be wrong for me not to go for at least a coffee.

— Do not be late.

— Do not worry, I will be home soon.

* * *

(Georgia knocks on the wooden front door of Maria's old house.)

— Maria, Maria, are you home?

— Yes, my dear Georgia. Please do come in, the door is ajar. I left it slightly open because I was expecting you.

(Georgia enters the house.)

— Where are you?

— I am in the back yard of the house.

— Sit down, my dear, and have some coffee that I have just prepared. You may also have some of the olive pie that I baked last night.

— Thank you.

(Maria pours a cup of coffee and puts a big piece of olive pie in a clay dish. Then, Georgia takes a sip of coffee and tastes the olive pie.)

– Mmm…, the olive pie is delicious!

– Thank you, Georgia.

– It's me that must be thankful to you, Maria, my good neighbour.

(Georgia takes another sip of her coffee and says with pleasure.)

– A cup of coffee is what I need right now. I woke up early this morning and I have not yet had my regular cup of coffee. How splendid to have you as a neighbour.

– Neither have I (a cup of coffee) and so I understand how you feel. I was waiting for you, to join me to drink coffee together.

– Maria, as you may have already realised, coffee is more delicious when you drink it with friends.

– I couldn't agree more Georgia. By the way, where is Rosie? I have not seen her today at the church.

– She went to the capital with her fiancé to make the necessary preparations for her wedding and probably she stayed at her sister-in-law's.

– Did she sleep there last night?

– She has not done this before, but I suggested she stayed there to avoid driving at night. I think that by the time I go back home, I will have found her there telling me her news.

– When you go home, please take this big piece of pie and that plate with koliva[19] with you. I know that Rosie likes the olive pie very much.

– Thank you, Maria.

* * *

(The door closes. Then Georgia calls Rosie with a loud voice.)

– Rosie, Rosie. Are you home, my daughter? I have brought you some olive pie and koliva that you like from our neighbor Maria.

(There is no response. Then, Georgia whispers to herself.)

– Oh Jesus, she has not come back yet! If her father realizes that she is not here, he will start yelling at me.

(A few minutes later.)

– Georgia, Georgia, where are you?

– I am in the kitchen, Michael, preparing lunch.

– Is the food ready?

---

[19] Koliva - boiled wheat with a combination of some of the following ingredients: powdered sugar, almonds, ground walnuts, sesame seeds, cinnamon, pomegranate seeds, raisins etc. Koliva is made for memorials.

– No, it is not ready yet. It will take some time.

– Ok then, I will go to the yard and feed our animals until you finish cooking.

– By the way, early yesterday morning I went to our fields near Saint George's Church, I collected some ripe carobs from our carob trees, and cut some wild celery to feed our animals. They love both of them, and you will find them in the storage room where I put them.

* * *

(At lunch time, Michael returns tired and says to his wife.)

– Georgia, I have done a lot of work today. I am very tired and hot, because I was working in the sun.

– Sit down, Michael, to rest for a while and then I will serve lunch.

– I am very hungry. What nice meal have you prepared?

– You know that every Sunday I cook roast lamb with potatoes and make salad with vegetables from our garden.

– Hmm…! It smells delicious. Where is Rosie to set up the table? Is she out again?

– Maybe, she went to her friend Anna for the preparations for the wedding day. We all want her to have a splendid wedding ceremony so, we have to go through all the troubles. Do not worry, I will set up the table.

– Bring some onions, tomatoes and … a halloumi.

– Okay.

– By the way, what time is it?

– It is almost midday.

– Turn on the radio, so we can listen to some music and sit down to eat lunch.

(While music is playing, one can hear on the radio an announcement, "unfortunately we are interrupting the program to make an important announcement. This morning there was a serious accident, a car lost control and fell off a cliff from a height of 20 meters. The General Hospital is calling for blood donations".)

(Georgia in a sad voice says to her husband.)

– What bad news on this beautiful day! A family will suffer.

– Young people are not careful these days. They use their cars for racing.

(A few meters away, in the neighbour house, Theo who was also listening to the radio says to his mother, Maria.)

– Mother, did you hear the announcement?

– I heard it, my son.

– I want to go and give blood, mother.

– Go, my son, go.

(The door closes as Theo is leaving the house. When Theo gets out of his house, Michael notices him.)

– Georgia, look over there. Look how fast Theo is walking.

– Indeed.

– *(Michael in a loud voice)* Theo, why are you hurrying? Where are you going so fast?

– I am going to give blood.

– You see Georgia, these poor people are going first to the need of a fellow-human being.

– Indeed.

(After a while, there is a knock at the door and Michael asks his wife.)

– Who is knocking the door at midday. Georgia please, go and open the door.

– I cannot go right now. I am washing the dishes.

– I will go because, whoever he is, he is knocking so hard that the door may fall down.

(The door opens and Michael sees a police sergeant.)

– Welcome, sergeant. What good cause has brought you to my house in the middle of the day? If you came to buy halloumi, then you are lucky. I have fresh halloumi. Please come in. Have you eaten? There is plenty of food.

(A little while after the sergeant has left, Georgia sees her husband crying.)
– What has happened, Michael? Why are you crying?
– Georgia, there is bad news, very bad news.
– What happened?
– Do you remember the radio announcement?
– Yes, I remember.
– Our daughter was in that car.

(Georgia hugs her husband and both cry.)
– Why Michael? Why is this happening to us?
– Georgia, get ready quickly so that we can go to the hospital to see what has happened.

(Georgia, while crying, says in a sad voice.)
– Oh, my Lady, you are a mother, and you know. Please give strength to my daughter to endure it and I will bring to you a candle as tall as I am.

* * *

(In the hospital, sounds of talking and crying are heard. Then a nurse's voice sounds: Please move away from the entrance of the surgery...)

(While Michael and Georgia are waiting in the hospital, they see their neighbour Theo.)
– Theo, what are you doing here?
– I came here to give blood.

(Georgia who is touched by his act embraces him and tells to him).
– Well done, bravo Theo! You are a good man! You must have a good soul!
– Thank you, Mrs Georgia, for your kind words but what are you doing here? Have you, too, come to give blood?
– No, my "son", says Michael, in the car that fell off a cliff were Rosie and her fiancé.
– *(Being shocked)* In the car was Rosie, our Rosie? How is she?
– She is being operated on right now and we must wait.
– How did it happen?
– According to the sergeant, her fiancé was drunk. Though he was "lucky" and had only some scratches, but our Rosie got badly injured on her head and her right leg.

* * *

(After a few days, Michael keeps complaining to his wife.)
– Georgia, we have been in the hospital for almost a week and all this time we neither fed our animals nor watered our plants.

— Do not worry about them.

— Animals and plants are like human beings. They need food, water and care, otherwise they will die or grow weak.

— I told you not to worry. As I heard, Theo goes every day to our place and feeds our animals and waters our plants.

— Really? I hope Theo is well and I will reward him for the things he has done for us.

* * *

(After a few weeks, Michael and Rosie return to their house from a regular visit to the doctor. Georgia was at home and waiting for them.)

— Thank God Michael, you finally came home. You were a little late and I was worried. How are you, sweetie?

— I am fine, mother but I am a little tired.

— Do you want me to bring you something to eat?

— I do not have an appetite for anything.

— What do you want to do, my dear?

— I want to relax for a while. Father, can you please take me to my room?

— Certainly, my darling.

(A few minutes later, Georgia with a low voice asks her husband.)

— Now we are alone, what did the doctors say about our daughter?

Chapter 3

— The plastic surgeon said that the injuries on her face will mostly heal, even though some may remain. But the big concern is her leg. The orthopaedic surgeon said that she won't be able to stand on it for a while. He also said that, she will need a lot of effort to walk again. The psychiatrist said that if she doesn't recover soon from the psychological trauma, there is a considerable possibility that she may never walk again.

(Georgia falls in deep grief, sighs and says.)
— Oh, my Lord, this is terrible! I cannot imagine how sad our daughter feels right now. On the one hand, she has problems with her face and her leg and on the other hand, her marriage and her fiancé.
— Do not worry Georgia, God is great! Let's wait for our daughter to recover completely, and then we will see what to do. Time is a great healer. Since the accident, I have barely seen her fiancé or is it my imagination?
— No, it is not your imagination. He is nowhere to be seen. His father came once to our house and told me not to worry and that he will bring all the best doctors to Rosie, and he will cover all the expenses. As far as his son is concerned, he is considering sending him back to England.
— He is lucky that I was not home, otherwise...
— Do not get upset, Michael.

— How can I not be upset? We got our daughter engaged to him, and now he has disappeared. I do not want him to come to my house ever again. I don't want to see neither him nor his money. The only thing I want is my daughter to get well.

(While Michael walks away, Georgia who is upset with all these sad events that are happening in her house, whispers.)

— Oh, my Lord, help us. Everything has gone wrong in this house. First, Goldie disappeared; second, many of the farm's tasks are left unaccomplished; third, the sales of halloumi have dropped dramatically; fourth, my daughter's fiancé abandoned her; and finally, there is a possibility that she will not walk again for the rest of her life. I think I should go to the priest Papa Costa and ask him to first exorcise and then bless our house. I cannot bear seeing my daughter sitting all day in that wheelchair. Thank God, Theo comes every day after work and keeps her company.

* * *

4

THE POWER OF LOVE

*S*ome weeks later, on a beautiful afternoon, Theo visits Rosie, as he has been doing daily for many weeks.)

— Guess, my dear Rosie, what I am holding in my hand?

— A chocolate?

— No, I brought you chocolate yesterday, but today... I have brought you a nice red rose!

— It is beautiful!

— It is not only beautiful but smells nice as well! If you want it, you should come here and get it.

— Come on, give it to me!

– No. I am going to put it in this vase next to the window. Come and get it. The rose is yours.

– You know that I cannot make even one step without aids. Why did you put it so far?

– It is not far. I remember my father was telling me that we could eat a whole elephant if we wanted by just eating a piece at a time. You should do the same. You should make a step further and further every day until you reach it.

– Words are easy, actions are the problem. I am afraid, Theo. I fear that without the aids, I will fall and break my legs.

– Do not worry. I am here and I will catch you.

– I am afraid.

– Let me help you a little.

(Theo helps Rosie to stand up and he stands by her side. Then, Theo encourages her more.)

– Come on, Rosie you can do it. You can make a step…

(A brief pause. Then, a sound from an effort of a slow dragging step is heard.)

– Bravo Rosie! You have done it! Make another one.

– I can't.

– If you do it, I am going to read a poem that I wrote for you.

— Really? Have you written a poem for me? I want to hear it so much!

— Ok, but first you have to try to make another step. Well done…! Try again!

(Rosie tries but Theo thinks that it may be too early to make several steps and says to her.)

— That's all right Rosie. Because you have tried hard, I am going to reward you by giving you the rose myself, so take the rose. But next time, you must try harder and walk without my help to reach the rose yourself.

— It smells so nice!

— Now sit here, make yourself comfortable, and please pay attention to the poem that I wrote especially for you. If you do not like it, please do not tease me.

— I promise that I will not tease you.

(There is a pause for a while. Then, Theo unfolds a piece of paper that he had in his pocket and starts reading.)

Like lightning in a dark night
our lives are like that,
and there is no essence
neither in beauty nor in money!

Only the wealth in our heart
is what really matters,
and there is nothing else
that may enrich that wealth.

You are the sun,
that shines in my soul,
and you are my light and power,
now that you are weak,
in my idle life.

There are many beautiful women,
but they have nothing inside,
but you have a heart
enriched with pure love,
the heart of a true princess.

(Rosie is surprised and delighted because of what she heard. So, in a joyful and excited voice she says to Theo.)
– Wow, Theo! Bravo! It is amazing. I like it a lot! Do you have another one?
– Since you like it, let's make an agreement. I will be here tomorrow afternoon, and if you make one step more, I will recite another poem that I am still in the process of composing especially for you. Do you agree?
– You know that I can't. I am afraid.

— If you want another poem you should not be afraid.

— Ok, I will try, but I can't promise you that I will succeed.

* * *

(The next day, Theo meets with Rosie in her house's yard. Surprisingly, Rosie makes two slow dragging steps.)

— Well done Rosie! You see if you are determined enough, you can do it. My father used to tell me that "if a person has the will, he/she can even move mountains."

— I think you have talked a lot today and I want to hear my poem.

— Get ready then! I was thinking about you when I was writing it.

(They are quiet for a while. Then, Theo unfolds a piece of paper that he had in his pocket, holding Rosie's hand and starts reading.)

Many people loved your beautiful face,
but they were not interested
in the beauty of your heart
and that was not for your own good.

That's why when they noticed
that your facial beauty went away
their desire, as well,
immediately disappeared!

They left you alone
suffering in the wheelchair
but I who eternally love you,
I am still suffering with you.

Because I never loved
your face only,
but I loved the beauty of your heart
and that extinguishes every pain.

That's why I am here
holding your hand
like an injured bird
my white dove.

*(Sounds of exclamation - Ah ... Oh ... Rosie is surprised,
delighted, and elated by what she heard. So, in a joyful
and excited voice she says to Theo.)*

Chapter 4

— Well done, Theo! Bravo! This poem is amazing. This is even better than the previous one. I think this song is completely about me.

* * *

(After a few days, Georgia sees Theo.)

— Theo, please come here. I want to tell you something.

— Coming! What is it, Mrs. Georgia? Do you need any help?

— No Theo, I have not called you for this.

— Why did you call me? Tell me what you need, and I will do it.

— I see you every day in my yard with my daughter and I understand what you do. I understand that you try to help my daughter Rosie, and I want to thank you for that.

— It is my pleasure to keep your daughter company.

— Listen carefully, my "son". I want you to know that Rosie is not getting well. The news from the doctor is not so good.

— What did the doctor say about Rosie?

— The specialist said that it may be Rosie's psychological state that makes her unable to walk, and if this condition persists, she may never walk again. Only if an extraordinary event happens that will probably "shake" both her body and mind will make her walk again.

— I appreciate Mrs. Georgia that you share such a personal information with me. I want you to know that Rosie is important to me as well, and I will do whatever it is necessary to see her walk again.

— Thank you, Theo, you are a good man.

* * *

(A few days later, Maria is looking for Rosie.)

— Rosie, Rosie!

— I am here Mrs. Maria, next to the olive tree. If you are looking for my mother, she is in the kitchen, preparing dinner.

— No Rosie, I am looking for you.

— For me?

— Yes, my dear. Theo asked me to come and tell you that he will not come today.

— Why, is there any problem?

— No, my "daughter", do not worry. A friend of his came from the capital and they are going somewhere.

— Thank you very much, Mrs. Maria.

— How are you? How is your leg?

— *(With a sad voice)* I am not very good. Look at me. I am spending all day in this chair.

— *(With a sorrow)* I understand you.

— I am bored. I want to walk, to go out to the fields, to chase butterflies, to collect flowers, to decorate our house, to help my mother with the cleaning, to do my daily routines that I used to do before.

— Please do not despair, Rosie. Do not give up your hopes. God is great and he will do something for you, because you are a good woman.

— You think so, Mrs. Maria?

— Listen carefully, Rosie. My deceased husband, even though he was a farmer he was also a wise man.

— I know it. Often, Theo tells me of his father's wisdom. But during all these years that I have known you well, you, too, have shown to be a very intelligent and wise person.

— I remember once when I was sad for days about something and my husband took me out to the yard and showed me some burned trees and the only thing left from them, was the trunk. He explained to me that burned trees should not be considered dead, because they have strong live roots in the soil.

— So, what happened?

— The following year, he removed the burned wood and the trees produced other new branches and leaves.

— Well done! He helped to bring the burned trees back to life!

— People are the same, my daughter. After a bad accident, they think that is "the end of the world" but they must remember that they still have their roots and they can re-grow their "branches".

—   I liked your parable about the burned trees that miraculously come back to life. I want to become well but not even doctors agree how it should best be done. I am stressed, anxious and desperately confused.

—   Are you ready to hear another illuminating and instructive story?

— Yes, naturally!

— There is a fable about the Gods of Greek Mythology. Zeus (Zupiter), the king of Gods and all the universe, the ruler of mountain Olympus and the God of sky was very angry with people. Do you know why?

— No, I don't. Please tell me.

— Despite having given them life, happiness, and a multitude other gifts, the ungrateful people were always responding negatively with complaints, arrogance, and even hubris. Zeus was so upset with people that he considered reversing his earlier decision about making people "homo sapiens" (= wise humans). i.e. gifting people with wisdom. So, he decided to arrange a meeting with all the other Gods about this subject and he convened a congress with all of them. All Gods agreed to withhold wisdom from humans. But after that decision a problem occurred. Where should they hide wisdom, so that humans would not find it?

— So, what did they decide?

– Dionysos, the God of wine, parties and festivals, madness and chaos said merrily, let's hide wisdom in wine. In such a way, I personally can take good care of wisdom.

– How did the other Gods response to this wily suggestion?

– The other Gods looked at him with disbelief. Apollo, whom the wise Solon of Athens described as the source of all wisdom, intervened and remarked: As we all know, on most occasions, you, my dear brother Dionysus, can't take care of yourself, how can you take care of wisdom? It's like appointing the inmates to be in charge of the asylum! As is well known, the more wine one drinks the less wise one becomes. So, my dear brother, your suggestion to hide wisdom in wine seems to be rather ridiculous.

– So, what happened then?

– Demetra (Ceres), the Goddess of grain, agriculture, and harvest, calmly recommended to entomb wisdom well-buried deep in the soil of the earth.

– This clever idea seems to be much better than hiding wisdom in wine.

– NO, thundered Zeus, I want to keep nature out of this! (Long pause). Then, Ares (Mars), the God of violence, war, and bloodshed intervened and stated, let's hide wisdom in conflict.

– Ah!!! Is that why the planet Mars was given this name, because of the likeness of its colour to blood?

– Bravo! You have guessed, correctly!

– Anyway, I don't think it is very good idea.

– That's right. All Gods agreed that war and wisdom will not go well together, they are fundamentally incompatible.

– I think it would be exceptionally difficult to find any place to hide wisdom.

– How about deep inside of people, suggested Athena (Minerva), the official Goddess of intelligence, skills, and wisdom? So deep inside them that they will never be able to reach and discover it.

– Brilliant idea! Who will look deep within their bodies?

– Only the very wise like Socrates whose most important teaching was "know thyself".

– What Gods said about this excellent idea?

– All the Gods agreed with Athena's ingenious idea. So, they did what she suggested. They hid wisdom deep within people, and since then humans never discovered it, and completely forgot about it. And it is still there well concealed and unused.

– What a wonderful story!

– What I want to tell you my dear Rosie, is that we should not seek to find the answers to all our inquires outside of ourselves. We have learned to ask habitually our parents, relatives, friends, teachers, tutors, instructors, mentors, advisors, counselors, doctors etc. about what we should do, eat, read, create and generally how to conduct ourselves.

— Shouldn't we?

—   What about learning to make decisions ourselves concerning all the above? All we need to do is to discover and activate the dormant wisdom that the Gods have hidden deep in ourselves.

— I will remember your words, Mrs. Maria.

— Read my lips my dear, (slight pause, and then with a slow and confident demeanour Maria continues) we are really and truly stronger than most of us think!

—   These splendid words are unforgettable! Thank you very much for your inspiring words. You have given me both courage and hope.

* * *

(Next day, Maria sees her son, Theo, preparing to go out of the house.)

— Theo, where are you going?

— You know, mother, where I am going. I am going to visit Rosie, but first I have to pass from somewhere else.

—   Have something to eat before you go out. I have prepared spaghetti with cheese sauce that you like.

— Mother, I told you that I am in hurry

— Ok my son, then, I will keep your food for later.

* * *

(After a while, Rosie sees Theo coming.)

– You are late Theo, and I was afraid you would not come today, like yesterday.

– Who, me? I always look forward to the moment I will be with you.

– Then, why did you not come yesterday and why are you late today?

– I could not come yesterday because I met an old friend. I told my mother to let you know about it. I was a little late today because I was preparing a surprise for you.

– What surprise?

– If I tell you now, it will not be a surprise. Please be patient and wait for a few minutes. Are you ready to listen to the third poem I wrote especially for you?

– Of course, I am ready.

– Give me a moment to find it.

(Theo starts searching his pockets. Then, he locates the piece of paper that earlier he had placed in his pocket, unfolds it, takes a deep breath, and starts reading.)

Rosie, whatever I tell you
for you it is not enough,
because you are a lovely rose
with the loveliest fragrance in the whole world!

Chapter 4

The beauty that is inside of you,
will always exist
and no one and nothing
can ever extinguish it!

There is no man on earth
who has everything,
but the single thing I want,
is to be loved by you!

(Rosie was surprised and delighted because of what she heard. So, in a joyful and excited voice she says to Theo.)

— I cannot find any words to express myself! Each of your poems has a meaning to me and a kind of "a touch in my heart".

— Rosie, I think of you when I write these poems. You are my inspiration.

— Theo please, do not talk to me this way. You make me feel embarrassed.

— Now get ready for the big surprise that I told you about.

— What kind of surprise is that? Tell me.

— No, I will not tell you. You will have to see it by yourself. Let me help you to go to the small wall in your yard.

— Ok, but slowly and carefully.

— Do not worry, I am holding you.

(Theo helps Rosie to reach the small wall in her yard and then he helps her to stand up.)
– Very good Rosie! Now carefully look over the wall. Look over there in the backstreet. What do you see?
– I cannot believe what I see. Is that our goat? Is that my Goldie?

(Initially, there is a sound of a bell ringing and bleating. Then, there is a sound of slow steps, then quicker steps and finally running. Theo, even though he was surprised, is still encouraging Rosie.)
– Bravo, Rosie! Congratulations! You managed to walk alone…!

(Rosie manages to reach the goat, Goldie, without the aids and full of joy hugs Goldie. Theo who is also full of joy says to Rosie.)
– Bravo, Rosie! Now untie the goat and bring it inside your home. It is the turn of your parents, too, to be pleasantly surprised!

(While all this takes place in the back yard of their house, Michael and Georgia are in the house and wonder what this continuing noise is.)

Chapter 4

– Georgia, what are these joyous laughs that we hear coming from our back yard? Since you are near to the window, have a look to see what is happening out there.

– Come quickly, Michael, come, look. I do not believe my eyes. Our daughter is walking! It is a miracle! It is a miracle!

(While Georgia makes the sign of the cross and thanks Virgin Mary for the miracle, Michael runs quickly out of the house and meets Rosie.)

– Well done, Rosie! You can walk! I can understand giving Theo a hug, but why hug the goat...?

– Father, have a good look at the goat.

– Oh my God, is that my Goldie?!

– Yes father, it is our Goldie!

(Michael turns his head to Theo and says to him angrily.)

– So, Theo, you are the one who stole my Goldie! Do not run away from me. Stay there, Theo. If I catch you, you will regret the moment when you stole it.

(Theo panics and runs to the back yard of the house in order to avoid an obviously furious Michael.)

– Wait Mr. Michael, let me explain to you the whole complex situation.

(Michael, who loved Goldie a lot, keeps chasing Theo until his wife, Georgia, intervenes.)
– Stop running and come to your senses, both of you. Today is a happy day because our daughter managed to walk after a long time and you two are quarrelling over a goat!

(While breathing heavily after the running spell, Theo tries to explain to Michael and Georgia that he is not the person who stole Goldie.)
– Let me explain to both of you and you will realise that I am not the thief.

(Michael who is still furious asks Theo angrily.)
– Theo, are you still intending to deceive us? How did the goat disappear? How did you find her?
– Do you remember Peter?
– Theo, do not change the subject, what does that loser have to do with my goat?
– Listen carefully, Mr. Michael. Peter used to love Rosie very much, but you did not want him as the groom. The day you agreed Rosie to marry another man, Peter decided to take revenge by stealing Goldie. He wanted you to suffer as much pain as he suffered by not marrying Rosie.
– He is a very cunning man. He succeeded to make me suffer, but I have a question!

— What is your question?

— Where did he hide Goldie? I searched all over the village, even the nearby villages but I could not find her.

— Initially, he took your goat to the capital city in order to sell her but, in the end, he changed his mind and he did not sell her. He wanted to bring her back to you, but he could not because he was very scared of you.

— Theo, if the goat was in Nicosia, how come you now have Goldie?

— Recently, Peter came back to our village to attend the festival and he asked for my help in order to return your goat and ask you to forgive him. Before we returned the goat to you, I suggested to him to give me the goat in order to make a pleasant surprise to Rosie first. It has proven to have been a tremendously successful plan, hasn't it?

(Michael's angry face quickly turned into a happy smile.)
— Theo, you did the right thing! And since Peter has regretted and returned my goat and that was the reason for my daughter to walk again, I forgive him!

— Thank you, Mr. Michael.

— Come to me Rosie to give you a huge hug.

(While Michael is hugging his daughter, drops of tears are falling from his eyes).
— Mr. Michael are you crying?

— Yes, Theo! I am very excited with all that has happened lately and especially the adventure that Rosie had. Our health must be above all. All other things are less important and are not worth worrying about.

— As I can now see, everything has become normal as before, like the good old days, hasn't it?

— Well, not everything.

— What is it that bothers you now?

— I remember that every year, at about the date of our village festival, we used to receive a lot of matchmaking proposals for Rosie.

— That's right! Rosie receives a lot of matchmaking proposals every year.

— But not this year. The festival started two days ago, and nobody has shown any interest in Rosie. In previous years, eligible young men were waiting in a queue to propose to Rosie.

— Do not worry Mr. Michael. Your daughter will receive matchmaking proposals this year too.

— Do you think so?

— Yes, I am 100% certain about it and the first one who ...

(Theo is hesitating to say more.)

— You want to say something, Theo? Do not be diffident, say it.

- Since you want to hear my next words Mr. Michael, I will tell you.
- Please tell us what you want to say.

(Theo with a stuttering voice says.)
- I have been thinking about it for a long time, but since our conversation has reached this point...

(Another pause.)
- Take your time, my "son" *(says Michael).*

(Theo pauses again for a while and then he takes a deep breath and continues with a firm voice.)
- Since I was a child, I liked Rosie very much and I had become very depressed and unhappy when you tried to marry Rosie to another man. But the circumstances turned out in such way that Rosie and I can be together, and I want to marry her. Of course, if we have your permission to do so.

(Michael wipes his tearful eyes with his hand, and his previously sad face now turns into a happy proud smile.)
- You do not need to ask for this, my dear boy. A man who had given his blood to my daughter when she needed transfusion is the most suitable groom for her!

(Then, suddenly and unexpectedly, Rosie intervenes in the conversation.)

– What about my view? Don't you need to ask for my wishes?

– Tell us, my daughter.

– Father, tell him that the answer to his proposal is a big NO. I am not marrying him.

– What are you talking about, my daughter? Are you out of your mind?

– Father, I also regret to tell you this, because Theo is really a good guy. However, I do not want somebody who merely feels sorry and pity for me to be my husband.

– My daughter…

– Please father, let me explain to him.

– All right, I will not interrupt you, but I just want to tell you from the outset that you are mistaken.

(Rosie turns to Theo, looks straight in his eyes and says.)

– Theo, I know that even if I had a blemish on my face it is not the "end of the world". Almost all of us, we have something on our body that has its own significance that makes us special. I also know that we must consider every person for what they are and not for what they look like. My mother tells me about this every day. So, I believe that it is unfair to waste your life with a woman with a disfigured face and who is unable to walk properly, as some fellow villagers have remarked. I am sure that the woman you will marry will be lucky because you are a good guy, but I do not deserve you.

(Theo smiles. Michael who notices Theo's smile is surprised and wonders.)

— Why are you smiling Theo? Did you not hear well? Did you not understand? She has just told you that she does not want to marry you.

— That's not what I understood Mr. Michael.

— What did you understand?

— Before, I was not sure if Rosie loves me, but now I am 100% sure that she does.

— What is it that has convinced you that I love you? *(Rosie is inquiring.)*

(Theo turns to Rosie, looks at her sweetly in her eyes and answers.)

— Rosie, since you are concerned about my happiness, I have to tell you that I am happy only with you. I have been thinking of you all the time. I cannot wait for the moment that we can be together. As for what the villagers are saying, I do not care at all. I only listen to my heart.

— And what is your heart telling you? *(Rosie asks again.)*

(Theo takes Rosie's hand and places it on his heavily beating heart.)

— My heart is telling me that it beats only for you. That is what is valuable for me. I do not see it with the eyes in my face but with the eyes of my soul. I do not see any scars on your face, but I feel your heart beating in my own heart and I cannot stop thinking about you. However, if you do not want to marry me because you are influenced by what the villagers say, then, I have only one choice.

— What is that only one choice? *(Rosie inquires again.)*

— I will abduct you and run off with you, Rosie. Have you not understood from all these poems I wrote to you that you are my heart's one and only passion?

(Georgia intervenes in the conversation.)

— Now it is my turn to speak and advice you, my dear daughter. I may have told you all the things you said before, but I will tell you something else. When, your godmother Maria and I were young we were the most beautiful girls in our village. The time has passed, and so, too, has the facial beauty. But whether young or old, friendship has always been strong between us and our families. These are the true values of this life. These are the values that make us happy in this world.

Chapter 4

(Michael, who is very touched from what he heard, wipes his eyes, and says.)

– Enough talking, now you listen to me! I am the man and the head of this house, and you must do what I have decided. A good man, like Theo, is hard to find. Rosie… this Sunday you will marry Theo. Go, my lad, to tell your mother this splendid news and ask her to come here to celebrate.

(Georgia hugs and kisses both, Rosie and Theo.)

– Let me bless you both, you, my daughter, and you, my son-in-law. Thank God, everything has turned out so well.

– Now that you have said that, Mrs. Georgia, I mean mother, you have reminded me of something else Peter said to me.

– What did he say to you, Theo?

– He told me that after he stole your goat, Goldie, his life has started going well. He went to the city and found a good job with a good salary. Then, he met a nice and rich woman. I think that soon Peter will become a father as well. They are expecting twins!

(Michael, who heard this conversation, turns to Georgia and says.)

— As for us, during the time Goldie was missing, all kinds of problems and sad events happened to us. And since our lovely goat has come back to us, it seems that good luck has come back to us again. Rosie has been able to walk again and now we have the best gentleman in our village as our son-in-law. I think that **Goldie is our good luck charm, so take good care of her, Georgia, take very good care of Goldie!**

* * *

(Later...)

As expected from the return of Goldie, Michael's profits from the sales of halloumi increased substantially. Michael became less stingy and began donating regularly both money and blood to the Blood Donation Red Cross Society.

Rosie walked unaided at her wedding in a beautiful gown and carrying a rich bouquet of roses. The guest of honour was Goldie, standing outside the church with a golden ribbon around her neck!

THE END

THE POETIC VERSES OF THIS NOVELLA

M any people often find it very difficult to express their deep feelings in simple straightforward words. Some of these people are capable of expressing these feelings only through the noble art of poetry.

One of the protagonists of the story, the talented young man, Theo, in his endeavour to boost the self-confidence of his injured and traumatised childhood friend, Rosie, and help her walk again, wrote and recited to her some poetic verses that feature at three different places in the novella.

Moreover, through these romantic lyrics, the hidden and deep feelings he has always had for her are expressed and revealed for the first time. These verses are collected and printed in the next two pages.

Like lightning in a dark night
our lives are like that,
and there is no essence
neither in beauty nor in money!

Only the wealth in our heart
is what really matters,
and there is nothing else
that may enrich that wealth.

You are the sun,
that shines in my soul,
and you are my light and power,
now that you are weak,
in my idle life.

There are many beautiful women,
but they have nothing inside,
but you have a heart
enriched with pure love,
the heart of a true princess.

* * *

Many people loved your beautiful face,
but they were not interested
in the beauty of your heart
and that was not for your own good.

That's why when they noticed
that your facial beauty went away
their desire, as well,
immediately disappeared!

They left you alone
suffering in the wheelchair
but I who eternally love you,
I am still suffering with you.

Because I never loved
your face only,
but I loved the beauty of your heart
and that extinguishes every pain.

That's why I am here
holding your hand
like an injured bird
my white dove.

* * *

Rosie, whatever I tell you
for you it is not enough,
because you are a lovely rose
with the loveliest fragrance in the whole world!

The beauty that is inside of you,
will always exist
and no one and nothing
can ever extinguish it!

**There is no man on earth
who has everything,
but the single thing I want,
is to be loved by you!**

* * *

Made in the USA
Middletown, DE
05 February 2022

60588376R00080